ABRÉGÉ

DE L'HISTOIRE

DES

TRAITÉS DE PAIX

ABRÉGÉ

DE L'HISTOIRE

DES

TRAITÉS DE PAIX

ENTRE

LES PUISSANCES DE L'EUROPE

DEPUIS LA PAIX DE WESTPHALIE.

PAR

Mr. KOCH,

DE L'INSTITUT NATIONAL DE FRANCE.

TOME SECOND.

Contenant la seconde partie des traités entre les
puissances du midi.

À BASLE

chez J. DECKER, imprimeur - libraire.

A PARIS, chez { ONFROI, libraire, rue Victor No. 11.
CHARLES POUGENS, libraire, maison Y, No. 342,
boulevart italien.

A STRASBOURG, chez { AMAND KÖNIG, libraire.
F. G. LEVRAULT, impr. du Departement.

A LEIPSIC, chez F. A. LEO, libraire.

1796.

ABRÉGÉ

DE L'HISTOIRE

DES

TRAITÉS DE PAIX

ENTRE

LES PUISSANCES DU MIDI.

SECONDE PARTIE.

DEPUIS LA TRIPLE - ALLIANCE EN 1717, JUSQU'À LA PAIX DE FONTAINEBLEAU EN 1785.

HISTOIRE DU TRAITÉ
DE LA TRIPLE - ALLIANCE,

signée à la Haye le 4 Janvier 1717.

NÉGOCIATIONS.

Quoique la paix d'Utrecht fût l'ouvrage de presque toute l'Europe, elle ne put cependant parvenir à accorder l'empereur et le roi d'Espagne, qui étaient les deux principaux intéressés. Charles VI ne reconnaissait pas encore Philippe V en qualité de roi d'Espagne, et Philippe à son tour n'avait non plus renoncé à ses droits sur les royaumes et provinces de la monarchie d'Espagne, que la paix d'Utrecht avait transférés sur l'empereur. On prévoyait dès-lors que la paix et la tranquillité de l'Europe, assise sur une base peu solide, ne serait pas de longue durée. En effet il fallut encore une longue suite de négociations, pour terminer entièrement les différens, que la succession d'Espagne avait élevés.

Philippe V avait pour ministre le fameux cardinal Alberoni, homme d'un génie vaste et plein de ressources ; mais plus audacieux que prudent. Il avait rétabli les finances et la marine de l'Espagne, et rendu à cette monarchie une nouvelle vigueur. Guidé par son ambition et par son esprit actif et intriguant, il ne méditait rien moins que de sapper les fondemens du traité d'Utrecht, en renouvellant le droit de Philippe V au trône de France, en dépouillant le duc d'Orléans de la régence, pour en revêtir le roi d'Espagne ; le Prétendant devait être remis sur le trône d'Angleterre, et l'Espagne récuperer les états qui en avaient été démembrés. Pour remplir de si grands desseins, il fesait jouer sourdement toutes sortes de ressorts.

Pour les déconcerter, le duc d'Orléans rechercha l'alliance de l'Angleterre, qui était la puissance la plus intéressée à maintenir les dispositions des traités d'Utrecht, et l'on communiqua avec les États - généraux sur les moyens de s'opposer aux vues ambitieuses de cet intriguant ministre. La négociation fut conduite par l'abbé Dubois pour la cour de France, par le général Cadogan pour l'Angleterre, et par le pensionnaire Heinsius pour les États-généraux. Il en résulta un traité connu sous le nom de *triple - alliance,* qui fut signé à la Haye le 4 Janvier 1717 entre la France, l'Angleterre et la Hollande. *)

SOMMAIRE DU TRAITÉ.

Les dispositions des traités d'Utrecht y furent renouvellées, et surtout celles qui se rapportaient à la succession des deux couronnes.

*) DUMONT, *corps dipl.* T. VIII. P. I. p. 484. LAMBERTY, *mémoires,* T. X. p. 1.

On y stipula la quantité de vaisseaux et de troûpes, qui devaient être fournis à celle des puissances qui serait troublée dans ses états ou attaquée au dehors. Le régent, pour complaire au roi d'Angleterre, fit sortir de France le Prétendant, et promit d'exécuter en plein le traité d'Utrecht en ce qui concernait la démolition de Dunkerque.

On lit à la suite du quatrieme article, où il est question de cette démolition, le passage suivant : „ Quand ce traité sera ratifié, le roi de la Grande- „ Bretagne et les seigneurs États-généraux des Pro- „ vinces-unies pourront envoyer des commissaires „ sur les lieux, c'est-à-dire à Dunkerque, pour être „ témoins de l'exécution de ce traité. ”

C'est en vertu de cette clause de la triple-alliance, qu'il y eut depuis des commissaires britanniques à Dunkerque, pour en surveiller le port. Ces commissaires, qu'on fesait sortir en tems de guerre en 1744 et 1756, rentrerent à l'époque de la paix d'Aix-la-Chapelle, et de celle de Paris en 1763. Leur résidence ne fut abolie que par la derniere paix entre la France et l'Angleterre.

HISTOIRE DU TRAITÉ
DE LA QUADRUPLE - ALLIANCE,

signée à Londres le 2 Août 1718.

NÉGOCIATION.

La triple-alliance ne déconcerta pas le cardinal Albéroni. Il demeura fidèle à son projet de faire la guerre à l'empereur, et de recouvrer par les armes les états d'Italie démembrés de la monarchie espagnole. Une flotte espagnole, commandée par le marquis de Leyde, débarqua le 22 Août 1717 dans l'isle de Sardaigne, et en dépouilla l'empereur. Le même général passa l'année suivante dans la Sicile, et entreprit pareillement la conquête de ce royaume sur le duc de Savoye.

La cour de Londres, indignée de voir anéantir un traité qu'elle regardait comme son ouvrage, dressa, de concert avec la France, un projet d'accommodement entre l'empereur, le roi d'Espagne et le duc de Savoye, dans l'intention de maintenir la paix et la tranquillité de l'Europe.

L'empereur agréa ce projet; mais il déplut au roi d'Espagne et au duc de Savoye. Les Anglais cependant, résolus de le faire adopter ou de gré ou de force, négocièrent en 1718 avec l'empereur et la France, le fameux traité connu sous le nom de quadruple-alliance, et appellé ainsi, parce qu'on y stipula aussi pour les Hollandais qu'on présumait disposés à y entrer. Mais ces républicains craignant de se brouiller avec les Espagnols, avec lesquels ils fesaient un commerce lucratif, refuserent longtems leur accession.

Le but, que se proposaient les puissances alliées, était d'obliger de gré ou de force le roi d'Espagne et le duc de Savoye, de se prêter aux conditions de paix présentées par l'Angleterre et la France.

Toute cette négociation fut l'ouvrage de Stanhope, celui des secrétaires d'état en qui le roi George avait le plus de confiance, et de l'abbé Dubois, *) confident intime du régent, qui l'avait envoyé pour cet effet à la cour de Londres. Ils concerterent le traité avec le ministre de l'empereur, qui fut le baron de Penterrieder. Ces trois ministres se regardant comme les arbitres des autres puissances, disposerent, par ce traité, des états à leur fantaisie, et donnerent la loi à l'Europe. Ce traité fut signé à Londres le 2 Août 1718. **)

ARTICLES DU TRAITÉ.

On y voit les conditions de la paix à faire entre l'empereur et le roi d'Espagne, dont voici les principales:

*) Cet abbé, de l'état de simple valet, parvint au faîte des grandeurs par le crédit et la faveur du régent. *Mémoires de* St. SIMON, T. III. p. I. 23.

**) DUMONT, *corps dipl.* T. VIII. P. I. p. 531. LAMBERTY. T. X. *Suite* p. 40.

1.° Le roi d'Espagne rendra la Sardaigne à l'empereur.   Art. 1.

2.° L'empereur renoncera dans les meilleures formes à tous les états de la monarchie d'Espagne, cédés à Philippe V par la paix d'Utrecht, et le reconnaitra pour legit me roi d'Espagne.   Art. 2 et 3.

3.° Philippe V à son tour renoncera aux provinces d'Italie et des Pays-Bas, adjugées à l'empereur, soit par la paix d'Utrecht, soit par la quadruple-alliance.   Art. 4.

4.° Comme on prévoyait l'ouverture prochaine de la success on au grand-duché de Toscane et aux duchés de Parme et de Plaisance, par l'extinction des mâles de la maison de Médicis et de celle de Farnese, qui en étaient alors pourvus, il est arrêté par l'art. 5. que ces duchés seront envisagés dorénavant comme fiefs mâles de l'Empire, et que l'empereur en donnera l'expectative et l'investiture éventuelle à Don Carlos, fils ainé du second lit de Philippe II avec Elisabeth Farnese; que dans le cas, où ce prince viendrait à décéder sans héritiers mâles, les mêmes duchés passeraient successivement à ses freres cadets, à condition néanmoins, qu'ils ne pourraient jamais être possédés par un prince, qui tiendrait en même tems la monarchie espagnole : que le port de Livourne demeurerait à perpétuité un port franc, et que pour mieux assurer la succession des dits duchés à l'infant Don Carlos, on mettrait dès à présent 6000 Suisses en garnison dans les principales places; savoir à Livourne, à Porto-Ferrajo, à Parme et Plaisance, lesquels seraient payés et entretenus par les trois puissances contractantes et médiatrices.

5.° Philippe V renoncera à son droit de réversion sur la Sicile, établi par la paix d'Utrecht, et ce droit sera transféré sur la Sardaigne. Art. 6.

Telles étaient les conditions du traité à faire entre l'empereur et le roi d'Espagne. Celles du traité entre l'empereur et le duc de Savoye, sont les suivantes :

1.° Que le duc de Savoye cédera la Sicile à l'empereur, et renoncera à ses droits sur ce royaume, la cession de la Sicile au duc de Savoye ayant été une des principales raisons, qui avait empêché l'empereur d'accéder à la paix d'Utrecht. Art. 1.

2.° L'empereur cédera au duc de Savoye la Sardaigne dans le même état qu'il l'aura reçue du roi d'Espagne, et avec tous les honneurs de la royauté, sauf cependant la réversion de cette isle à la couronne d'Espagne, au défaut de descendans mâles de la maison de Savoye. Art. 2.

3.° L'empereur confirmera au duc de Savoye toutes les cessions, qui lui ont été faites par le traité de Turin de 1703. De même le droit de succession du duc de Savoye à la couronne d'Espagne, lors de l'extinction des descendans de Philippe V, est confirmé, à condition, que, le cas échéant, les états d'Italie du duc de Savoye passeront à un cadet de sa maison, sans pouvoir être réunis à la monarchie d'Espagne. Art. 3.

Ces articles sont suivis d'une alliance entre l'empereur, la France et l'Angleterre, par laquelle les traités d'Utrecht et de Bade, ainsi que celui de la triple-alliance, sont renouvellés. Les puissances contractantes se garantissent mutuellement leurs états; elles garantissent de même la succession de France, telle qu'elle a été réglée par les traités d'Utrecht, et celle de la Grande-Bretagne, conformément aux loix du royaume. Elles conviennent entre elles des secours, qu'elles se donneront réciproquement en cas d'attaque.

Par des articles séparés, on fixe au roi d'Espagne et au duc de Savoye le terme de trois mois, pour déclarer s'ils veulent accepter les conditions proposées; si non, les puissances contractantes joindront leurs forces, pour les y obliger, et ne poseront les armes, que l'empereur ne soit mis en possession de la Sicile.

Le duc de Savoye souscrivit, bien malgré lui, au traité de la quadruple-alliance. La différence prodigieuse, qu'il y avait entre la Sicile et la Sardaigne, ne pouvait que lui donner de l'éloignement pour cet échange; mais enfin il fallut plier sous la loi du plus fort. L'accession de ce prince au traité de la quadruple-alliance est du 10 Novembre 1718.

Le roi d'Espagne se montra moins docile: son ministre, le cardinal Albéroni, lui représentait le projet de la quadruple-alliance comme attentatoire à sa dignité, en ce qu'on semblait vouloir lui donner la loi, en le forçant avec supériorité et avec hauteur de l'accepter. Le roi d'Espagne s'étant donc roidi contre la quadruple-alliance, la France et l'Angleterre finirent par lui déclarer la guerre.

La flotte anglaise, sous les ordres de l'amiral Bings, attaqua le 11 Août 1718 la flotte espagnole, et la défit entiérement sur les côtes de la Sicile. Les Espagnols y perdirent 23 vaisseaux, 5300 hommes d'équipage et 728 pieces de canon. En 1719, les Français, sous les ordres du duc de Berwick, entrerent dans la Navarre, et prirent Fontarabie le 18 Juin, et St. Sébastien le 17 Août: toute la province de Guipuscoa se soumit à eux. Ils attaquerent ensuite la Catalogne. Les Anglais firent une invasion dans la Gallice, et se rendirent maîtres du port de Vigo le 21 Octobre.

Des démarches aussi vigoureuses ébranlerent la fermeté du roi Philippe V. Il prit enfin le parti de signer le 26 Janvier 1720 la quadruple-alliance et d'éloigner de sa cour le cardinal Albéroni. Ce ministre disgracié se retira en Italie, où il mourut en 1752 dans un âge fort-avancé.

La quadruple-alliance fut alors confirmée de nouveau par une ratification générale de toutes les parties contractantes, et signée à la Haye, le 17 Février 1720.

Les Espagnols évacuerent la Sicile et la Sardaigne, l'empereur prit possession de la Sicile, et le duc de Savoye de la Sardaigne.

HISTOIRE
DU TRAITÉ DE PAIX
DE VIENNE

ENTRE L'EMPEREUR ET LE ROI D'ESPAGNE,
signée le 30 Avril 1725;

ET DE CELUI
DE VIENNE

ENTRE L'EMPEREUR, L'ANGLETERRE ET
LA HOLLANDE,
signée le 16 Mars 1731.

Depuis l'accession du roi d'Espagne à la quadruple-alliance et l'évacuation de la Sicile et de la Sardaigne, il semblait qu'il ne manquait plus rien à la tranquillité générale. En effet la guerre était terminée; mais la paix n'était pas faite, et il restait encore bien des articles à régler entre l'empereur, le roi d'Espagne et le duc de Savoye, qu'il convenait d'arranger dans un congrès.

CONGRÈS DE CAMBRAY.

Dès l'année 1720 ce congrès fut indiqué dans la ville de Cambray; mais les dispositions et les vues particulieres des différentes cours, l'éloignement sur-tout, qui subsistait entre celles de Vienne et de Madrid, fomenté par les conseillers espagnols de l'empereur; enfin l'intention des puissances média-trices de terminer préliminairement les contestations les plus importantes, firent différer jusqu'en 1722 l'ouverture formelle du congrès.

L'échange des actes de renonciation réciproque de la part de l'empereur à la monarchie d'Espagne, et de celle du roi d'Espagne aux états que l'empe-reur possédait en Italie et dans les Pays-Bas, essuya d'abord bien des retards. L'empereur ne pouvait se résoudre de renoncer à ses prétentions chimériques sur l'Espagne, ni d'abandonner le titre de roi catho-lique, auquel il était singulierement attaché. Il s'avi-sa donc de faire naître de nouvelles difficultés sur l'article des renonciations. Il exigeait, que celle de Philippe V fût confirmée par les cortès d'Espagne. Philippe croyait pouvoir demander à son tour, que la renonciation de l'empereur fût ratifiée par les états d'Empire. · Pour lever cette difficulté, la France et l'Angleterre signerent à Paris le 27 Septembre 1721 un acte de garantie en faveur de l'empereur et du roi d'Espagne, à l'effet de suppléer au défaut des formalités, qui pourrait se rencontrer dans l'une et l'autre renonciation. Ces renonciations furent alors ratifiées, et l'échange s'en fit à Londres. *)

À peine fut-on débarrassé de cette négociation, qu'il s'en présenta une autre beaucoup plus épineuse.

____

*) DUMONT, *corps dipl.* T. VIII. P. II. p. 39.

Elle était relative à la compagnie d'Ostende, que l'empereur venait d'ériger par un octroi signé à Vienne le 19 Décembre 1722. *) Il y accordait pour trente ans à une compagnie le privilége exclusif de naviguer et de négocier aux Indes orientales et occidentales, et sur les côtes d'Afrique.

Cette nouveauté indisposa contre l'empereur les puissances maritimes, et particulierement les Hollandais, qui soutenaient, que l'érection d'une semblable compagnie était diamétralement opposée aux traités, vu que d'après les termes de l'article 5 du traité de Munster, il était défendu aux Espagnols d'étendre leur navigation dans l'Orient au-delà des îles Philippines, et que, par l'article 26 du traité de la Barriere, toutes les stipulations du traité de Munster relatives au commerce, avaient été renouvellées entre l'empereur et les États-généraux. **)

Mais le principal empêchement, qui retardait l'ouverture formelle du congrès de Cambray, avait pour objet les investitures d'Italie, stipulées en faveur de Don Carlos par le traité de la quadruple-alliance. L'empereur se repentait de ce qu'il avait promis, et cherchait des prétextes pour ne pas accomplir sa promesse. Les ministres espagnols, qui dirigeaient le conseil d'Italie de l'empereur, lui fesaient entrevoir le danger dont ses états de Naples et de Milan seraient menacés, si un Infant d'Espagne possédait le grand-duché de Toscane avec l'état de Parme.

*) DUMONT, p. 44.

**) ROUSSET, *Actes et mémoires*, au Tome II et III.

Plusieurs circonstances concouraient à seconder les vues de ce prince. L'expédition des lettres d'investiture essuyait d'ailleurs des difficultés, par l'opposition du duc de Parme, du Pape et du grand-duc de Toscane.

Le duc de Parme demandait, que de son vivant l'empereur et l'empire n'exerçassent pas sur les duchés de Parme et de Plaisance les droits de domaine direct, qui leur étaient assurés par le traité de la quadruple-alliance. Le Pape protestait hautement contre la clause de ce traité, qui déclarait les duchés de Parme et de Plaisance fiefs de l'Empire, et qui en assurait la succession à Don Carlos. Il se recriait contre l'injustice de priver l'église romaine de ses droits de supériorité sur ces fiefs, dont elle jouissait, sans le moindre trouble, depuis l'espace de deux siecles. Enfin le grand-duc de Toscane soutenait, que son duché ne relevant que de Dieu seul, il ne pouvait point accorder qu'il fût déclaré fief de l'empire, ni reconnaître pour son héritier Don Carlos, au préjudice des droits de sa soeur, l'électrice palatine.

Dans l'intervalle les ministres des différentes puissances s'étaient rassemblés à Cambray pendant le cours de l'année 1722. L'empereur y envoya le comte de Windischgrätz et le baron de Penterrieder. Les plénipotentiaires d'Espagne étaient le comte de San-Estevan et le marquis Berreti. Le comte de Provana y parut au nom du roi de Sardaigne. La France et l'Angleterre, comme puissances médiatrices, y envoyerent aussi leurs plénipotentiaires.

Le duc d'Orléans, qui venait de fiancer deux de ses filles aux fils du roi d'Espagne, désirant complaire à ce prince, disposa l'empereur à faire expédier, par la diete, les lettres d'investiture ordonnées par la quadruple-alliance; mais la forme de ces lettres et les conditions de l'investiture ayant déplu à la cour de Madrid, elle les rejetta. C'est ce qui occasionna de nouveaux retards, et ce ne fut qu'au commencement de l'année 1724 que l'expédition de ces lettres eut lieu dans la forme exigée par la cour d'Espagne. Encore fallut-il les appuyer d'un acte de garantie, donné par la France et l'Angleterre, *) à cause de la protestation que le Pape et le grand-duc de Toscane avaient formée à Cambray dans le cours de l'année 1723.

Cette négociation ayant été terminée au gré du roi d'Espagne, on en vint enfin au mois d'Avril 1724 à des conférences réglées à Cambray, dans lesquelles les rois de France et d'Angleterre furent reconnus pour médiateurs. Les puissances intéressées y présenterent leurs prétentions respectives. **) Le roi d'Espagne exigeait entre autres, que l'empereur renonçât aux titres d'Espagne et à la grande-maîtrise de l'ordre de la Toison-d'or; qu'il restituât le trésor et les archives de l'ordre; que l'affaire des garnisons à mettre dans les places de Toscane, de Parme et de Plaisance, pour la sûreté de la

succession

---

*) DUMONT, T. VIII. P. II. p. 152.

**) *Supplément* de DUMONT. *Actes et mémoires* de ROUSSET, T. IV.

succession de l'Infant Don Carlos, fût réglée; que les demandes et prétentions du duc de Parme fussent examinées et décidées au congrès; qu'on nommât des commissaires, pour régler les limites du duché de Parme et de celui de Milan sur les bords du Po; que les états de Mantoue, de la Mirandole, du Montférat et de Sabionette, et quelques autres fiefs moins considérables, fussent rendus à ceux qui les avaient possédés, et que généralement l'Italie fût rétablie dans son premier état.

L'empereur prétendait au contraire conserver les titres d'Espagne, et exigeait cependant du roi d'Espagne, qu'il renonçât aux titres d'Autriche. Il prétendait aussi conserver seul la grande-maîtrise de l'ordre de la Toison-d'or, cet ordre ayant été fondé par les anciens ducs de Bourgogne, dont l'empereur était l'héritier et le successeur; que les prétentions du duc de Parme et celles des autres princes d'Italie, *) n'étant pas de nature à devoir être discutées au congrès, parce qu'elles n'avaient aucun rapport avec les objets du traité de la quadruple-alliance, il convenait de les renvoyer au conseil aulique, ou à la diete de Ratisbonne. L'empereur d'ailleurs demandait la garantie de la pragmatique sanction autrichienne de la part de toutes les puissances contractantes, pendant que les puissances maritimes exigeaient hautement la suppression de la compagnie d'Ostende.

*) L'empereur consentit seulement à la restitution de la ville de Comacchio en faveur du Pape. L'acte, qui est du 25 Février 1725, s'en trouve dans le *Supplément* de DUMONT, p. 180.

Ces prétentions réciproques de l'empereur et du roi d'Espagne occasionnerent des différens entre les plénipotentiaires: ceux des puissances médiatrices ayant déclaré les demandes du duc de Parme admissibles, et comme étant fondées sur la quadruple-alliance même, l'empereur en fut choqué, et fit défense à ses ministres de ne rien traiter touchant l'affaire de Parme.

NÉGOCIATIONS ENTRE L'EMPEREUR ET L'ESPAGNE.

Tant d'intérêts divers ayant fait comprendre au roi d'Espagne, qu'il ne parviendrait que difficilement à accommoder ses différens avec l'empereur à Cambray, et d'ailleurs ennuyé des délais que les puissances médiatrices apportaient à la négociation, par ménagement pour l'empereur, il jugea à propos d'envoyer secrétement le baron de Ripperda à Vienne, à la fin du mois d'Octobre 1724, pour faire une tentative, s'il y aurait moyen d'en venir à une paix directe avec l'empereur. *)

Sur ces entrefaites l'Infante d'Espagne, fille de Philippe V, fiancée depuis trois ans à Louis XV, et élevée à la cour de France comme future reine, fut renvoyée à son pere au mois d'Avril 1725. Cet événement entraîna une brouillerie entre les deux cours, à la veille d'une paix dont la France était médiatrice.

*) *Mémoires de l'abbé* MONTGON, T. 1. p. 151. Cet abbé fit un long séjour à la cour d'Espagne, où il fut employé pour ménager le raccommodement entre les deux cours.

Philippe V rappella aussitôt ses ministres de Cambray, et ce congrès fut rompu. Il rappella de même l'ambassadeur qu'il avait à Paris, et défendit à tous ses ministres dans les cours étrangeres d'avoir aucun commerce avec ceux de France. Désirant aussi de faire connaître d'une maniere éclatante son mépris pour la médiation de France, il donna ordre au duc de Ripperda de hâter, le mieux qu'il pourrait, la conclusion de la paix avec l'empereur. C'est ce qui amena le traité de paix particulier entre l'empereur et le roi d'Espagne, signé à Vienne le 30 Avril 1725. *)

ARTICLES DU TRAITÉ DE VIENNE.

Ce traité confirme tous les articles de celui de la quadruple-alliance. Art. 2.

La renonciation de Philippe V aux provinces d'Italie et des Pays-Bas, celle de l'empereur à l'Espagne et aux Indes, sont renouvellées. Art. 3. 4. 5.

L'investiture éventuelle des duchés de Parme et de Plaisance, ainsi que du grand-duché de Toscane, est également confirmée. Art. 6.

Le roi d'Espagne consent à laisser l'empereur en possession de tous les pays, qu'il tenait alors en Italie. Il renonce au droit de réversion sur la Sicile, en se réservant le même droit sur la Sardaigne. Art. 7.

*) DUMONT, *Corps dipl.* T. VIII. P. II. p. 106. LAMBERTY, *mémoires*, T. X. suite, p. 128. ROUSSET, *Actes et mémoires*, T. II. p. 110.

Il est arrêté par l'article 10, que l'empereur et le roi d'Espagne garderont, leur vie durant, les titres dont ils s'étaient servis jusqu'alors; mais qu'à leur mort, leurs successeurs ne prendraient que les titres des provinces, dont ils seraient réellement en possession. Art. 10.

Enfin l'empereur garantit l'ordre de succession à la couronne d'Espagne, tel qu'il a été établi par les traités d'Utrecht, et Philippe à son tour se rend garant de la pragmatique sanction autrichienne. Art. 12. Ce fut proprement par cette garantie que le roi d'Espagne gagna la cour de Vienne.

Cette paix fut suivie d'une autre entre l'Espagne, l'empereur et l'Empire, aussi signée à Vienne le 7 Juin 1725. *)

Ce dernier traité ne contient rien d'intéressant, si ce n'est le consentement du corps germanique aux arrangemens pris au sujet de la succession des duchés de Parme, de Plaisance et de Toscane.

TRAITÉS D'ALLIANCE DE VIENNE ET D'HANOVRE

en 1725.

Le traité de paix de Vienne ne renfermait rien en lui même, qui pût déplaire ni à la France, ni à l'Angleterre. Il était parfaitement rédigé dans le sens des traités d'Utrecht et de la quadruple-alliance. Philippe V y renonçait à la vérité à tous les avantages, qu'il s'était flatté d'obtenir par l'intervention

*) DUMONT, T. VIII. P. II. p. 121. ROUSSET, T. II. p. 123.

des puissances médiatrices. Il sacrifiait à son ressentiment la cause des vassaux et seigneurs d'Italie,
qu'il avait plaidée avec chaleur au congrès de Cambray. Il abandonnait même les intérêts du duc de
Parme, qu'il avait fait envisager comme inséparables
de ceux de l'Infant Don Carlos. L'affaire de la
grande-maîtrise de l'ordre de la Toison-d'or restait
parfaitement indécise, comme elle l'est encore de
nos jours. Mais quelque défavorable que ce traité
semblait être au roi d'Espagne, il n'offrait absolument
rien qui pût donner de l'ombrage à la France et à
l'Angleterre. Ces puissances devaient plutôt voir
avec plaisir l'union de deux princes, qu'elles s'étaient
efforcées depuis longtems de rapprocher l'un de l'autre.
Ce qui leur causa des allarmes, ce fut le traité d'alliance défensive signé le même jour, le 30 Avril,
à Vienne entre l'empereur et le roi d'Espagne. *)

Ce traité, qu'on tenait secret, déterminait le secours que les deux souverains se donneraient réciproquement en cas d'attaque. L'empereur y déclare,
que le roi d'Espagne étant dans la résolution d'in-
sister sur l'exécution de la promesse qui lui a été
faite par le roi de la Grande-Bretagne, de lui restituer
Gibraltar et Port Mahon, il ne s'opposera non seulement pas à cette restitution, si elle se fesait à l'amiable; mais que, si on le jugeait à propos, il la
seconderait de ses bons offices. En revanche le roi
d'Espagne accorde aux vaisseaux de l'empereur et à

---

*) DUMONT, *corps dipl.* T. VIII. P. II. p. 113. ROUSSET.
T. II. p. 178.

ceux de ses sujets la libre entrée de ses ports, et toutes les franchises et prérogatives dont jouissaient dans le commerce les nations les plus étroitement liées à l'Espagne. Cet article, qui est le troisieme du traité d'alliance, regardait la nouvelle compagnie d'Ostende. Il fut plus amplement développé par un traité de commerce, conclu le 1 May à Vienne entre les deux puissances. *)

Ces traités qui firent succéder à une mésintelligence de 25 ans, une parfaite intimité entre les cours de Vienne et de Madrid, causerent une extrême inquiétude à la France et à l'Angleterre. Le duc de Bourbon, qui gouvernait alors la France, et qui, comme l'auteur du renvoi de l'infante, avait principalement à craindre les suites du ressentiment du roi d'Espagne, forma, pour s'en garantir, avec l'Angleterre et le roi de Prusse une ligue capable de contrebalancer celle qui s'était faite à Vienne. Cette ligue conclue à Herrenhausen proche Hanovre le 3 Septembre 1725, est connue sous le nom d'alliance d'Hanovre. **)

Les contractans s'y garantissaient la possession actuelle de leurs états, et définissaient les secours qu'ils se donneraient en cas d'attaque.

Les Hollandais accéderent à l'alliance d'Hanovre, après une négociation infructueuse pour faire révoquer par l'empereur l'octroi de la compagnie d'Ostende; leur acte d'accession est du 9 Août 1726. La Suede et le Danemarc suivirent le même parti

*) DUMONT, LAMBERTY, ROUSSET.
**) DUMONT, p. 127. ROUSSET, p. 189.

dans le cours de l'année 1727. *)   La France et l'Angleterre leur promirent de gros subsides, et renouvellerent la garantie du Sleswic en faveur du roi de Danemarc contre la Russie, qui semblait alors disposée à soutenir les prétentions du duc de Holstein-Gottorp.

Au milieu des efforts que fesaient la France et l'Angleterre, pour grossir le nombre de leurs alliés, la cour de Vienne ne resta pas oisive.   Elle réussit à entraîner dans son alliance l'impératrice Cathérine I, qui accéda aux traités de Vienne, et s'en rendit garante, par un traité qui fut signé à Vienne le 6 Août 1728. **)   L'empereur débaucha même le roi de Prusse de l'alliance d'Hanovre, et l'entraîna dans celle de Vienne.   La plupart des états catholiques d'Empire embrasserent pareillement cette derniere alliance, en sorte que presque toutes les puissances de l'Europe se partagerent entre les deux alliances, et que tout annonçait une guerre générale au commencement de 1727.   On vit alors paraître de toutes parts des manifestes écrits avec chaleur. ***)

PRÉLIMINAIRES DE PARIS,
du 31 *May* 1727.

Les discours imprudens du duc de Riperda, qui se trouvait à la tête du ministere en Espagne, avaient fait soupçonner à la cour de Londres, qu'il subsistait

*) DUMONT, p. 133. 141. 144.
**) DUMONT, T. VIII. P. II. p. 131.
***) ROUSSET, *actes et mémoires.*

des engagemens secrets entre les alliés de Vienne, pour forcer les Anglais à la restitution de Gibraltar, et pour causer une révolution en Angleterre par le rétablissement du prétendant. Le roi d'Angleterre s'en plaignit hautement dans ses discours au parlement. Ces craintes et allarmes réciproques engagerent toutes les puissances à faire de grands préparatifs de guerre. Les ambassadeurs furent rappellés des différentes cours. Les Anglois envoyerent de grandes et puissantes flottes en Amérique, dans la méditerranée et dans la mer baltique, et les Espagnols voulant profiter de leurs alliances, mirent le siége devant Gibraltar.

Il n'est pas douteux, que l'embrasement aurait pû devenir général, sans la mort de l'Impératrice de Russie, arrivée en 1727, qui influa essentiellement sur les intérêts et sur les dispositions des puissances du nord. L'empereur ne pouvant plus compter dèslors sur l'assistance de la Russie, ne témoigna aucune envie de seconder les entreprises des Espagnols; mais ce qui ne contribua pas moins au maintien de la paix, c'est que ni l'Angleterre ni la France ne désiraient la guerre.

Le roi d'Angleterre, loin de la déclarer à la cour d'Espagne, quand Gibraltar fut assiégé, se contenta de donner des lettres de représailles pour courir sur les vaisseaux espagnols, et le cardinal de Fleury, qui avait succédé en 1726 au duc de Bourbon dans le ministere de France, jugea si peu à propos de faire une diversion du côté des Pyrénées, en exécution de l'alliance d'Hanovre, qu'il ne négligea rien pour inspirer des vues pacifiques au roi d'Espagne.

Dans ces circonstances le Pape offrit sa médiation. Ses nonces négocierent à la fois à Vienne, à Madrid et à Paris, et ce fut dans cette derniere ville qu'on signa le 31 May 1727 des articles préliminaires, *) dont les principaux portaient qu'il y aurait une armistice de sept ans; que la compagnie d'Ostende serait suspendue pour le même tems, et que quatre mois après la signature des préliminaires, on tiendrait un nouveau congrès général à Aix-la-Chapelle.

TRAITÉ DE PAIX DE SÉVILLE,
du 9 Novembre 1729.

Le congrès, qui en vertu des préliminaires de Paris avait été indiqué à Aix-la-Chapelle, fut transféré depuis à Cambray, et sur les instances du cardinal de Fleury, qui voulait s'y trouver en personne, il fut assemblé en effet à Soissons le 14 Juin 1728.

CONGRÈS DE SOISSONS.

Les ambassadeurs de presque toutes les puissances de l'Europe se rendirent à ce congrès, dont on avait lieu d'espérer que les négociations pour l'affermissement de la paix et de la tranquillité générale, seraient plus heureuses que n'avaient été celles du congrès de Cambray. La plupart des difficultés, qui avaient contribué à les faire languir, étaient applanies

*) DUMONT, T. VIII. P. II. p. 146.

par la paix de Vienne, et il ne s'agissait plus que de satisfaire l'Espagne sur l'article des duchés de Toscane, de Parme et de Plaisance, en conformité du traité de la quadruple-alliance.

La cour de Vienne ne pouvait plus se refuser à l'établissement d'un infant en Italie, non plus qu'à la suppression de la compagnie d'Ostende, dont l'empereur avait déja accordé la suspension par le traité des préliminaires. Si elle fesait des difficultés sur ces deux articles, et si elle s'opposait surtout à l'introduction des troupes espagnoles dans les duchés d'Italie, exigée par la cour de Madrid, ce n'était que pour amener toutes les puissances contractantes au but qu'elle se proposait, d'obtenir la garantie de la pragmatique sanction, ou du nouvel ordre de succession qu'elle avait établi.

Le cardinal de Fleury, par une suite de l'ancienne politique, qui fesait envisager la maison d'Autriche comme la puissance rivale de la France, crut devoir s'opposer de toutes ses forces à cette prétention de l'empereur. Il épuisa toutes les ressources de l'intrigue, pour empêcher qu'on n'adoptât la garantie de la pragmatique sanction pour base des arrangemens, qui devaient consolider la paix à Soissons.

La cour de Vienne, décidée à ne point s'en départir, s'étant roidie à son tour sur les autres articles qui fesaient l'objet de la négociation, le congrès de Soissons tomba dans une parfaite langueur. Cela fit naître au cardinal de Fleury l'idée d'entamer une négociation secrète avec l'Espagne, afin de la détacher des intérêts de la cour de Vienne, en lui dévoilant les mauvaises intentions de cette cour , et son opiniâtreté à se refuser à l'établissement de l'infant. Le but de cette négociation était de forcer l'empereur par le moyen d'une nouvelle alliance à se prêter à l'introduction des troupes espagnoles en Italie et à la suppression de la compagnie d'Ostende , sans lui donner la satisfaction qu'il désirait de la garantie de sa pragmatique.

La cour de Londres s'étant prêtée aux vues du cardinal , il s'ensuivit un traité de paix , d'union et d'alliance défensive, qui fut signé à Séville le 9 Novembre 1729 entre la France, l'Espagne et l'Angle-terre. *)

ARTICLES DU TRAITÉ DE SÉVILLE.

Ces trois puissances se garantirent réciproque-ment toutes leurs possessions , et réglerent les secours qu'elles se prêteraient en cas de guerre.   On renou-vella tous les traités antérieurs, et on arrêta par l'ar-ticle 9 du présent traité , que pour assurer à l'in-fant Don Carlos la succession aux duchés de Tos-cane, de Parme et de Plaisance, on mettrait 6000 Espagnols en garnison dans les villes de Livourne , de Porto-Ferraio , de Parme et de Plaisance, à con-dition que ces garnisons et leurs commandants ne se mêleraient en rien du gouvernement des dites vil-les et duchés.

*) DUMONT, T. VII. P. II. p. 158. ROUSSET, T. V. P. II. p. 1. Ce traité fut négocié et signé à Séville pendant le séjour qua la cour d'Espagne fesait en cette ville. *Mémoires de* MONTGON, T. VII.

Par l'art. 12 du même traité, les puissances contractantes se chargerent de la garantie de cette succession en faveur de Don Carlos.

Les Hollandais accéderent le 21 Novembre au traité de Séville, moyennant la promesse que leur firent les alliés, de leur procurer une entiere satisfaction touchant l'abolition de la navigation et du commerce de la compagnie d'Ostende aux Indes. *)

L'empereur ne pouvait qu'être choqué du traité de Séville, qui lui fesait manquer son but de faire garantir sa pragmatique sanction par toutes les puissances de l'Europe assemblées à Soissons. Ce qui l'indignait surtout, c'était de voir que les alliés de Séville s'avisassent de lui faire la loi touchant l'abolition de la compagnie d'Ostende et l'introduction des troupes espagnoles en Italie. Il envisageait cette derniere clause comme attentatoire à sa dignité et à son autorité impériale dans ce royaume. Résolu de ne pas plier, et sachant bien que ni la France ni l'Angleterre ne désiraient la guerre, il rompit toute rélation avec la cour d'Espagne. Il en rappella son ambassadeur, et fit passer des forces considérables dans le Milanois, pour s'opposer à l'introduction des troupes espagnoles. Le dernier duc de Parme, Antoine Farnese, étant mort le 20 Janvier 1731, l'empereur prit possession du duché de Parme et de Plaisance.

*) DUMONT, T. VIII. P. II. p. 160.

TRAITÉ DE VIENNE ENTRE L'EMPEREUR, L'ANGLETERRE ET LA HOLLANDE,

du 16 Mars 1731.

Le roi d'Angleterre, pour terminer entiérement les différens qui partageaient depuis si longtems les puissances de l'Europe, entama enfin une négociation secrete avec la cour de Vienne, et s'offrit, de concert avec les États-généraux, de lui garantir la pragmatique sanction, si elle voulait se prêter à l'abolition de la compagnie d'Ostende et à l'introduction des troupes espagnoles en Italie. Cette proposition ayant été agréée par l'empereur, on signa le 16 Mars 1731 à Vienne un nouveau traité d'alliance entre ce prince, le roi d'Angleterre et les États-généraux. *)

Les anciens traités de paix et d'alliance y furent renouvellés, et les puissances contractantes s'engagerent à une garantie mutuelle de tous leurs états, possessions et droits. Art. 1.

Le roi d'Angleterre, aussi bien que les États-généraux, se chargent plus particuliérement de la garantie de la pragmatique sanction d'Autriche. Art. 2.

L'empereur souscrit à tous les arrangemens qui ont été pris à Séville pour la succession des duchés de Toscane, de Parme et de Plaisance. Il consent à l'introduction des six mille hommes de troupes espagnoles dans les duchés d'Italie, et promet de

*) *Supplément de* DUMONT, T. II. P. II. p. 288. ROUSSET, *actes et mémoires*, T. VI. p. 13.

porter l'Empire à y donner aussi son consentement. Art. 3.

Enfin il s'oblige à faire à jamais cesser le commerce des Pays-Bas autrichiens aux Indes orientales, de maniere qu'il ne sera plus exercé ni par la compagnie d'Ostende, ni par aucune autre compagnie. Le roi de la Grande-Bretagne et les États-généraux s'engagent à convenir sans délai d'un traité de commerce et d'un nouveau tarif pour les Pays-Bas autrichiens, conformément à l'art. 26 du traité de la barriere. Art. 5.

Les états d'Empire approuverent ce traité et les arrangemens pris par rapport à la Toscane, Parme et Plaisance, par une résolution de la diete, donnée le 14 Juillet 1731. *) Le roi d'Espagne y adhéra pareillement par un nouveau traité signé avec l'empereur et le roi de la Grande-Bretagne, à Vienne le 22 Juillet 1731. **)

A la suite de tous ces différens traités, l'infant Don Carlos prit possession des duchés de Parme et de Plaisance. Le grand duc de Toscane le reconnut pour son successeur par un traité particulier, signé à Florence le 25 Juillet 1731. ***)

Ainsi se terminerent les longues contestations sur la succession d'Espagne, qui troubla l'Europe pendant plus de trente ans.

*) *Supplément de* DUMONT, p. 304.

**) Idem p. 307.

***) Idem p. 311.

HISTOIRE
DU TRAITÉ DE PAIX
DE VIENNE,
en 1738.

GUERRE DE POLOGNE.

Le grand différent sur la succession d'Espagne était à peine terminé, et laissait jouir l'Europe du repos que le second traité de Vienne lui avait procuré, lorsque la succession au trône de Pologne occasionna de nouveaux débats, auxquels la plus grande partie des puissances se crut dans le cas de prendre part.

Auguste II, roi de Pologne, électeur de Saxe, étant mort le 1 Février 1733, Louis XV fit des efforts pour faire remonter sur le trône Stanislas Lesczinski, son beau-pere, qui avait déja été élu en 1704 par la protection de Charles XII. Il ne fut pas difficile au roi de mettre la noblesse dans ses intérêts; elle penchait naturellement pour Stanislas, que ses grandes qualités lui rendaient respectable. Le jour de l'élection étant arrivé, le primat, ainsi que la plus grande partie de la noblesse, se déciderent pour ce prince, qui fut proclamé le 12 Septembre par le primat.

Cependant une faction, qui avait été gagnée par l'electeur de Saxe, fils du défunt roi, quitta le champ d'élection, et s'établit dans un village nommé Prague au-de-là de la Vistule: soutenue d'une armée Russe, qui s'était portée en Pologne, elle proclama le 5 Octobre Auguste III.

L'empereur Charles VI se déclara en faveur de ce prince, et fit marcher une armée sur la frontiere. Auguste s'était concilié la cour de Vienne par son accession à la garantie de la pragmatique sanction, donnée par l'Empire, et par un traité d'alliance, signé à Vienne le 16 Juillet 1733. *) Le roi de France représenta en vain à cette cour, qu'intéressé personnellement à l'élection de Stanislas, les mesures que l'empereur prendrait pour la traverser le forceraient de prendre les armes.

Stanislas, par la réunion des troupes Russes et Saxonnes, fut obligé de sortir de Varsovie, et de se retirer à Danzic. Il y fut assiégé par les Russes, sous les ordres du feldmaréchal Munich, et réduit à chercher son salut dans la fuite au mois de Juin 1734.

Louis XV crut devoir venger l'injure faite à son beau-pere. Sa déclaration de guerre contre l'empereur est datée du 10 Octobre 1733. Elle fut précédée d'une alliance offensive, que le roi signa le 26 Septembre avec l'Espagne et le roi de Sardaigne. **)

Le

*) WENCK, codex juris gentium recentissimi, T. I. p. 700.
**) ROUSSET, *actes et mémoires*, T. IX. p. 279. 291. 302.

Le roi d'Espagne, en se déclarant contre l'empereur, et partageant le ressentiment de la France à l'égard du roi Stanislas, allégua de son côté les obstacles que l'établissement de Don Carlos éprouvait en Italie de la part de la cour de Vienne, et le refus que la chancellerie impériale fesait, d'accorder des lettres de majorité à son fils, à moins qu'il ne payât 200,000 florins de taxe.

Outre que le roi de Sardaigne regardait la cause de Stanislas comme celle de tous les rois, il allégua de même dans sa déclaration de guerre plusieurs griefs particuliers qu'il avait contre la cour de Vienne.

On convint d'attaquer l'empereur de trois côtés, en Allemagne, en Lombardie et dans le royaume de Naples. Cette même année 1733 les Français s'emparèrent de la Lorraine, dont le duc, François Étienne, devait épouser l'archiduchesse, fille de l'empereur Charles VI. Le maréchal de Berwick passa le Rhin, et prit le 29 Octobre le fort de Kehl; tandis qu'une autre armée, réunie aux troupes des alliés, sous les ordres du maréchal de Villars, entreprit la conquête du duché de Milan; Villars prit Pavie le 4 Novembre, et força la citadelle de Milan à capituler le 29 Décembre suivant.

Le roi, en fesant passer le Rhin à ses troupes, avait publié une déclaration qui portait qu'il n'était pas intentionné de rompre avec l'Empire; qu'il rendrait le fort de Kehl à la paix, et qu'il offrait aux états d'Empire une exacte neutralité. L'empereur n'en réussit pas moins à entraîner le corps germanique dans sa querelle. La guerre fut résolue à la diete le

26 Fevrier 1734, malgré l'opposition des électeurs de
Cologne, de Baviere et Palatin, qui embrasserent
la neutralité. Ce résultat portait que la France avait
rompu la paix de Bade, en fesant irruption sur le
territoire de l'Empire, en attaquant le fort de Kehl,
en envahissant le duché de Milan, et en exigeant
des contributions en Empire. *)

L'empereur ne négligea rien pour mettre aussi
dans ses intérêts l'Angleterre et la Hollande; mais
ces deux puissances ne jugerent pas à propos de
condescendre à ses vues. Elles offrirent à la France
d'observer la neutralité, si elle voulait s'abstenir d'attaquer les Pays-Bas autrichiens. Le roi les rassura
par une convention de neutralité pour les Pays-Bas,
qu'il signa avec les États-généraux à la Haye le 24
Novembre 1733. **)

L'empereur obligé de se passer du secours des
Anglais et des Hollandais, et ne pouvant faire face
aux alliés tant en Italie que sur le Rhin, éprouva
nombre de revers dans le cours de cette guerre.

En 1734 le maréchal de Berwick, qui commandait l'armée sur le Rhin, détacha le comte de Bellisle,
qui s'empara de Trêves et de Trarbach, pendant
que lui-même avec le gros de l'armée entreprit le
siége de Philippsbourg. Il y fut tué le 12 Juin, en
visitant la tranchée. Le commandement de l'armée
passa au maréchal d'Asfeld, qui força la ville de se
rendre le 18 Juillet suivant.

*) *Chancellerie* de FABER, Tom. LXIII. p. 601 et 719.
**) ROUSSET, T. IX. p. 441.

L'Italie devint le principal théâtre de la guerre ; tout y céda à la supériorité des alliés, qui acheverent la conquête du Milanois par la prise de Novare et de Tortone.

Le maréchal de Villars, qui commandait l'armée française en Italie, mourut à Turin le 17 Juin ; il fut remplacé par les maréchaux de Maillebois, de Coigny et de Broglie.

Le comte de Mercy, à la tête de l'armée impériale, ayant attaqué, le 29 Juin de la même année, les alliés dans leurs retranchemens près de Parme, fut repoussé avec perte, et tué lui-même dans l'action. Son successeur, le comte de Koenigseck, fut d'abord plus heureux, ayant remporté près de Quistello un avantage considérable sur le maréchal de Broglie ; mais dans une bataille qui se donna le 19 Septembre entre Guastalle et Luzzara, il fut battu et obligé d'abandonner le champ de bataille aux vainqueurs.

Quelque grands que fussent les désastres de l'empereur en Lombardie, ses affaires tournerent encore plus mal dans le royaume de Naples. L'infant Don Carlos y entra le 29 Mars, à la tête d'une armée espagnole, commandée par le duc de Montemar, et pénétra sans résistance jusqu'à la capitale, qui lui ouvrit ses portes. Les Impériaux, au nombre de neuf à dix mille hommes, s'étaient retranchés à Bitonto dans la Pouille ; les Espagnols les y forcerent le 25 May, et cette victoire décida la conquête du royaume de Naples. L'infant fit ensuite le trajet de la Sicile, dont il se rendit maître en très-peu de tems.

Il fut couronné roi des deux Siciles à Palerme le 3 Juillet 1735.

La campagne de 1735 ne fut pas moins heureuse pour les alliés, que la précédente. Ils forcerent les Impériaux d'abandonner l'Italie, et se rendirent maîtres de toute la Lombardie autrichienne, à l'exception de Mantoue. Il n'arriva rien de mémorable sur le Rhin, où l'armée française, commandée par le maréchal de Coigny, tint en échec le prince Eugene, qui, malgré l'arrivée d'un corps auxiliaire de dix mille Russes, que lui amena le Comte de Lascy, *) ne put point effectuer son dessein de passer le Rhin, et d'entrer dans le pays Messin et la Lorraine.

NÉGOCIATIONS.

De si éclatans succès mirent l'empereur dans le cas de désirer la paix. Les Anglais et les Hollandais se chargerent de la médiation. Ces puissances présenterent depuis le mois de Janvier 1735 différens projets de paix, qui ne furent point acceptés. La France, persuadée du désir sincere qui animait l'empereur pour la paix, crut devoir entamer une négociation secrete avec lui. Le comte de Neuwied, et le Sr. de Mierodt, son ministre, furent les premiers organes de cette négociation. L'empereur les écouta d'autant plus volontiers, que la médiation de l'Angleterre et de la Hollande lui déplaisait, ces puissances lui ayant refusé les secours qu'il croyait pouvoir réclamer en vertu du second traité de Vienne.

---

*) *Mémoires du général de Manstein*, p. 110.

Ce fut le Sr. de la Baune qui consomma la négociation par la signature des préliminaires, qui eut lieu à Vienne le 3 Octobre 1735. *)

Ces préliminaires, signés d'abord entre la France et l'empereur, ayant été approuvés par la Russie et le roi de Pologne, furent portés à la diete de l'empire, qui donna à l'empereur le 18 May 1736 le pouvoir de conclure la paix définitive. L'Espagne accéda au traité des préliminaires le 15 Avril 1736; le roi des deux Siciles le 1 May, et le roi de Sardaigne le 16 Août. Ces dernieres puissances ne s'y prêterent qu'à regrêt, et alléguaient que la France, qui ne leur avait pas communiqué ces préliminaires avant de les signer, n'avait pas assez ménagé leurs intérêts. Le roi d'Espagne était faché de s'y voir privé des duchés de Toscane, de Parme et de Plaisance, qu'il espérait conserver, et le roi de Sardaigne de n'avoir pas obtenu une part plus étendue dans la Lombardie.

Immédiatement après la signature des préliminaires entre la France et l'empereur, la cessation des hostilités fut publiée en Allemagne le 5 Novembre 1735, et en Italie le 15 du même mois. Il fallut cependant encore bien des négociations pour parvenir à la paix définitive, qui ne fut signée à Vienne que le 8 Novembre 1738 entre la France et l'empereur. **)

*) Ces préliminaires sont insérés dans le *traité de paix de Vienne*, *imprimé à Paris dans l'imprimerie royale*, p. 12. WENCK, *codex juris gentium recentissimi*, T. 1. p. 1.

**) Voyez ce traité imprimé séparément à Paris en 1739 à l'imprimerie royale. WENCK, T. I. p. 88. ROUSSET, *actes et mémoires*, T. XIII.

Le roi de Sardaigne y donna son accession le 3 Février 1739, et les cours de Madrid et de Naples le 21 Avril de la même année.

ARTICLES DU TRAITÉ DÉFINITIF.

La forme de ce traité est tout-à-fait nouvelle et extraordinaire. Outre les préliminaires on y inséra toutes les conventions particulieres, déclarations et renonciations faites en vertu et à l'occasion de la paix, et on les mit à la suite de chacun des articles qui en font mention.

Les traités de Westphalie, de Nimégue, de Ryswic, d'Utrecht et la quadruple-alliance sont admis pour base et fondement de la paix, et il est arrêté, que ces traités subsisteront dans toute leur force, excepté les articles auxquels il sera dérogé par la présente pacification. Art. 3.

Stanislas renonce formellement au royaume de Pologne, et n'en conserve que les titres et les honneurs sa vie durant. Auguste III est reconnu roi légitime de Pologne par toutes les puissances contractantes. La constitution polonaise est garantie, et particuliérement la libre élection de ses rois. On promet de restituer à Stanislas ses biens et ceux de la reine, son épouse; et on lui accorde en outre par forme de dédommagement les duchés de Lorraine et de Bar, à condition qu'après sa mort ces duchés seront réunis en pleine souveraineté à la France. On ajoute cependant à cette cession différentes clauses. *)

*) Art. 4, 6, 9 et 16 du traité définitif et les traités et conventions y insérés.

1.° Stanislas et son successeur Louis XV renonceront à l'usage de la voix et séance à la diete de l'Empire.

2.° Les duchés de Lorraine et de Bar, même après leur réunion à la France, demeureront sous ce nom, et formeront toujours un gouvernement particulier, dont il ne sera rien démembré pour être uni à d'autres gouvernemens.

3.° Le roi de France ne prétendra aucune sujetion de qui le duc de Lorraine n'en prétendait pas, et toute idée de réunions sera à jamais proscrite.

4.° Le roi se charge des dettes appellées dettes d'état, ou hypothéquées sur les revenus des duchés de Lorraine et de Bar, conformément à une liste qui se trouve jointe au traité.

5.° Les fondations faites en Lorraine par les ducs seront maintenues, de même que les priviléges de l'église, de la noblesse et du tiers état, notamment les priviléges et immunités de l'université de Pont-à-Mousson.

6.° Les titres de famille, comme contrats de mariage, testamens et autres seront laissés ou consignés à la disposition du duc de Lorraine, en quelque lieu qu'ils se trouvent.

7.° Le comté de Falkenstein, avec ses appartenances et dépendances, est réservé au duc de Lorraine. Ce prince, qui était le gendre de l'empereur, comptait se frayer par-là le chemin au trône impérial. La diete agréa depuis, que le suffrage dont le duc de Lorraine avait joui jusqu'alors en qualité de marquis de Nomény , serait conservé au duc François, et attaché au comté de Falkenstein.

8.° Les limites de la Lorraine seront réglées par des commissaires nommés de part et d'autre. Un article séparé de la convention de Vienne de 1736 insérée dans l'art. 4 du traité définitif porte ce qui suit: „ Convenu réciproquement, que par rapport aux dif- „ férentes enclaves et terres mêlées avec différens „ princes de l'Empire , il sera pris , de concert avec „ sa majesté impériale , de telles mesures et arrange- „ mens , que l'on ne laisse subsister aucune occasion „ ou prétexte qui pourrait donner lieu à troubler le „ repos et la bonne intelligence réciproque. "

En échange des duchés de Lorraine et de Bar, on assure au duc François et à toutes les personnes qui auraient eu droit de succéder dans les duchés de Lorraine et de Bar , la succession au grand-duché de Toscane. Le duc François, pour lui et pour toute la maison de Lorraine, en sera mis en possession, immédiatement après la mort de Jean-Gaston, dernier grand-duc de la maison de Médicis.

Pour faciliter au duc de Lorraine la prise de possession du dit duché , on convient de substituer des troupes impériales aux espagnoles, qui y étaient en vertu des traités antérieurs. Le roi s'engage de payer annuellement au duc de Lorraine, jusqu'au moment où la succession du grand-duché de Toscane lui sera dévolue, la somme de quatre millions cinq cent mille livres, monnoye de Lorraine. Le décès du grand-duc de Toscane étant arrivé le 9 Juillet 1737, le duc de Lorraine prit possession du grand-duché, avant l'entiere conclusion du traité définitif, et le roi fut ainsi déchargé de la pension qu'il s'était engagé de lui payer.

Le duc François et ceux qui avaient droit de succession aux duchés de Lorraine et de Bar, sont maintenus dans les droits propres au rang et à la qualité de souverains, ainsi que dans la jouissance des titres, armes, prééminences, dont ils ont joui jusqu'à présent, sans que la maison de Lorraine puisse jamais en dériver aucune prétention aux duchés de Lorraine et de Bar.   Art. 4, 6, 9 et 16, et les pieces y annexées.

L'infant Don Carlos obtient, de la part de l'empereur, la cession des royaumes de Naples et de Sicile, ainsi que des ports de Toscane, pour lui et ses descendans mâles et femelles, nés de légitime mariage, et à leur défaut pour le second ou autres fils puînés ou à naître de la présente reine d'Espagne, et leurs descendans des deux sexes, nés de légitime mariage.

On rend à l'empereur les duchés de Milan et de Mantoue, dont il avait été dépouillé pendant la guerre, et l'on y ajoute les duchés de Parme et de Plaisance ; mais il sera obligé de rendre justice à la maison de Guastalle pour ses prétentions sur le duché de Mantoue, conformément à l'art. 32 du traité de paix de Bâle.

Le roi d'Espagne renonce, pour lui et pour ses fils nés ou à naître, aux droits et prétentions que les traités antérieurs leur avaient donnés sur le grand-duché de Toscane, et sur les duchés de Parme et de Plaisance, avec cette clause expresse que Livourne demeurera port franc, comme il l'est. L'exemple du roi d'Espagne est suivi par le nouveau roi des deux Siciles, son fils. Art. 7 et les pieces annexées.

L'empereur céde au roi de Sardaigne deux districts du Milanois, savoir le Novarois et le Tortonois, de même que les quatre terres de San-Fidélé, Torre di Forti, Gravédo et Campo-Maggiore, pour être unis à ses états, en retenant la qualité de fief impérial. Il les lui céde pour lui et ses descendans mâles, et pour tous les autres mâles collatéraux de la maison de Savoye et leurs descendans mâles.

L'empereur céde encore au roi de Sardaigne et à tous les mâles de la maison de Savoye, la supériorité territoriale des terres, appellées vulgairement *les Langhes*, selon leur désignation annexée au traité, ensorte que ces terres, comme arrieres-fiefs, soient sujettes à sa domination immédiate, qu'il y puisse exercer les droits régaliens qui constituent la supériorité territoriale, et que lui et ses successeurs mâles de la maison de Savoye soient tenus d'en recevoir l'investiture de l'empereur, toutes les fois que le cas écherra. L'empereur se charge d'indemniser les possesseurs et vassaux de ces fiefs de ce qu'ils ne sont plus soumis immédiatement à l'empereur et à l'Empire. Art. 8 et les pieces y annexées.

Le roi de France se rend garant de la pragmatique sanction autrichenne dans les termes qui suivent : „ Sa sacrée majesté très-chrétienne, tant par le dé-

„ sir ardent qu'elle a du maintien de la tranquillité
„ publique et de la conservation de l'équilibre en
„ Europe, que par la considération des conditions
„ de paix, auxquelles sa sacrée majesté impériale a
„ consenti principalement par cette raison, s'est
„ obligée de la maniere la plus forte à défendre le
„ susdit ordre de succession : et afin qu'il ne puisse
„ naître dans la suite aucun doute sur l'effet de cette
„ sureté ou garantie, sa susdite sacrée majesté royale
„ très-chrétienne s'engage, en vertu du présent ar-
„ ticle, de mettre à exécution cette même sureté, ap-
„ pellée vulgairement garantie, toutes et quantes fois
„ qu'il en sera besoin: promettant pour soi, ses hé-
„ ritiers et successeurs, de la maniere la meilleure
„ et la plus stable que faire se peut, qu'elle défendra
„ de toutes ses forces, maintiendra, et comme l'on
„ dit, garantira contre qui que ce soit, toutes les
„ fois qu'il en sera besoin, cet ordre de succession
„ que sa majesté impériale a déclaré et établi en
„ forme de fidéi-commis perpétuel, indivisible et in-
„ séparable en faveur de la primogéniture pour tous
„ les héritiers de sa majesté de l'un et de l'autre sexe,
„ par l'acte solennel publié le 19 jour d'Avril de
„ l'année 1713, et ajouté à la fin du présent traité. "
Art. 10.

Les forts bâtis pendant la guerre sur l'une ou
l'autre rive du Rhin, contre la teneur des précédens
traités de paix, et particuliérement des art. 22, 23 et
24 de la paix de Ryswic, seront détruits de fond en
comble des deux parts. Art. 12.

La restitution stipulée par le 13e art. de la paix de Ryswic, et par le 12e de la paix de Bade, en faveur de la maison de Wirtemberg, est renouvellée. Art. 13.

On convient de nommer des commissaires pour régler les limites de l'Alsace et des Pays-Bas, en conformité des traités précédens, et principalement de celui de Bade. Ces commissaires s'assembleront dans le terme de six mois, à compter du jour de l'échange des ratifications, sur les confins, savoir à Fribourg pour ce qui regarde l'Alsace, et à Lille pour ce qui regarde les Pays-Bas. *) Art. 14.

La distribution des dettes de la chambre d'Ensisheim, dont il est parlé dans l'art. 84 de la paix de Munster, ayant été différée jusqu'à présent, il a été convenu qu'il ne sera permis à aucune des deux parties, tant que cette distribution ne sera pas faite, de molester ou laisser molester par les siens, les vassaux et sujets de l'autre, par des arrêts ni d'aucune autre maniere quelconque. Art. 15.

Le commerce sera rétabli dans la même liberté, qui a été stipulée par les traités de paix de Ryswic et de Bade, et tous et un chacun, de part et d'autre, nommément les citoyens et habitans des villes impériales et anséatiques, jouiront par mer et par terre de la plus entiere sureté et des anciens droits, immuni-

---

*) Ces dispositions des traités de Ratisbonne, de Bade et de Vienne, relatifs au réglement des limites de l'Alsace, n'ont jamais eu leur plein et entier effet.

tés, priviléges et avantages obtenus par des traités solennels ou par coutumes anciennes. Art. 17.

Ce traité ayant été conclu par l'empereur, non seulement en son nom, mais aussi en celui de l'Empire, en vertu de la faculté qui lui en avait été conférée par la diete, tous les électeurs, princes et états d'Empire y sont compris, et spécialement l'évêque et l'évêché de Bâle.   Art. 19.

HISTOIRE

DU TRAITÉ DE PAIX

D'AIX-LA-CHAPELLE,

du 18 Octobre 1748.

Deux ans après la paix de Vienne l'empereur Charles VI, dernier mâle de la maison d'Autriche, étant mort le 20 Octobre 1740; sa succession occasionna une nouvelle guerre générale.

PRAGMATIQUE SANCTION AUTRICHIENNE.

Ce prince avait publié dès l'an 1713 un réglement, *) connu sous le nom de pragmatique sanction, qui portait, qu'au défaut de mâles de sa lignée, ses filles lui succéderaient préférablement à celles de l'empereur Joseph I, son frere, et que la succession des filles se réglerait conformément à l'ordre de primogéniture, de maniere que sa fille ainée serait préférée aux cadettes, et hériterait seule de tous les états qu'il laisserait à sa mort.

*) On le trouve dans le recueil des *recez de l'Empire* , T. IV. P. 387.

Il eut grand soin de faire approuver ce réglement par les états de tous les pays héréditaires d'Autriche, de même que par les filles de l'empereur Joseph I, son frere, et par leurs époux, les électeurs de Saxe et de Baviere. Il obtint successivement la garantie de cette pragmatique de toutes les principales puissances de l'Europe.

L'Espagne la garantit par la premiere paix de Vienne, en 1725 ; l'impératrice de Russie et le roi de Prusse par leurs traités d'accession à l'alliance de Vienne, eu 1726; *) le roi de la Grande Bretagne et les Hollandais par le second traité de Vienne, en 1731; l'empire d'Allemagne par un résultat de la diete, en 1732; **) le roi de Danemarc par un traité particulier, qu'il signa en 1732 avec l'empereur et la Russie ; ***) enfin la France donna aussi sa garantie à la pragmatique par la paix de Vienne de 1738.

Toutes ces garanties cependant étaient insuffisantes, parce que l'empereur avait oublié les plus essentielles, qui étaient de pourvoir à ses finances et de tenir son militaire sur un pied respectable. L'état d'épuisement et de faiblesse, où il laissait ses états à sa mort, encouragea une foule de prétendans à se mettre sur les rangs, pour disputer les droits de Marie-Thérése, sa fille et son héritiere.

*) DUMONT , T. VIII. P. II. p. 131. 139.

**) *Recez de l'Empire*, T. IV. p. 393.

***) ROUSSET, *actes et mém.* T. VII. p. 462.

PRÉTENDANS À LA SUCCESSION D'AUTRICHE.

Le principal de ces prétendans fut *l'électeur de Baviere*, qui, comme descendant d'Anne d'Autriche, fille de l'empereur Ferdinand I, fesait valoir les droits de la premiere fille contre la derniere, en s'appuyant du contrat de mariage de cette princesse avec le duc Albert V de Baviere, ainsi que du testament de l'empereur Ferdinand I. L'électeur soutenait qu'en vertu de ces deux actes toute la succession d'Autriche était assurée à Anne et à ses descendans, au défaut des mâles issus des archiducs, ses freres. *)

L'électeur de Saxe, roi de Pologne, quoiqu'il eût approuvé la pragmatique sanction de Charles VI, réclamait aussi la totalité de la succession, du chef de son épouse, qui était la fille aînée de l'empereur Joseph I. Il se fondait sur une convention passée en 1703 entre les deux freres Joseph I et Charles VI, qui portait, que les filles de Joseph seraient préférées dans tous les cas possibles aux filles de Charles. **)

Le roi d'Espagne fesait valoir ses droits aux royaumes de Hongrie et de Boheme, qu'il dérivait d'une convention passée entre Philippe III et l'archiduc Ferdinand de Grätz. Philippe consentit par cette convention à céder à l'archiduc, son cousin, les droits qu'il prétendait avoir aux royaumes de Hongrie et de Boheme du chef de sa mere Anne, fille de l'empereur
Maxi-

---

*) Voyez *Déduction bavaroise*, imprimée à Munic en 1741, et Rousset *Actes et mémoires*, T. XIV et XV.

**) Cette convention se trouve dans Rousset, T. XVI. p. 447.

Maximilien II, en stipulant, que ses droits revivraient en faveur de ses descendans, en cas d'extinction de la postérité mâle de cet archiduc. *) La cour d'Espagne crut devoir profiter de la conjoncture, pour ménager à l'Infant Don Philippe, marié depuis peu à une fille de Louis XV, un établissement en Italie aux dépens de la maison d'Autriche.

Le roi de Sardaigne renouvella ses prétentions sur le duché de Milan, fondées sur le contrat de mariage de son trisayeul, le duc Charles-Emanuel de Savoye, avec l'Infante Cathérine, fille de Philippe II, roi d'Espagne. **)

Enfin *le roi de Prusse* fit revivre ses droits à différens duchés et principautés de Silésie, tels que Jägerndorf, Liegnitz, Brieg, Wohlau, et les seigneuries de Beuthen et d'Oderberg, dont la maison de Brandebourg avait été, selon lui, injustement dépouillée par la maison d'Autriche. ***) Jägerndorf, Beuthen et Oderberg, que la maison de Brandebourg possédait depuis le seizieme siecle, lui ont été enlevés dans la guerre de trente ans, sur le motif que le prince Jean-George de Brandebourg, qui tenait ces terres en appanage, avait porté les armes contre l'empereur Ferdinand II, en faveur de l'électeur palatin. Les duchés de Liegnitz, Brieg et Wohlau avaient été réclamés par la maison de Brandebourg, lors du décès du dernier duc de Liegnitz en 1675,

*) ROUSSET, r. XV. p. 6.

**) L'exposé de ses droits se trouve dans ROUSSET, T. XVI. p. 350.

***) ROUSSET, T. XV. p. 168.

en vertu d'un pacte de confraternité fait entre les deux maisons en 1537. La maison d'Autriche s'en mit alors en possession, et refusa de satisfaire aux justes prétentions des électeurs de Brandebourg. Le premier roi de Prusse, fils du grand électeur, avait renoncé à ses droits sur ces différentes principautés, contre le petit équivalent du cercle de Schwibufs; mais la cour de Vienne ne lui ayant pas laissé cet équivalent, le roi Frédéric II se crut fondé à revendiquer ses titres.

Ce prince venait de succéder à son pere, le roi Frédéric-Guillaume, qui lui avait laissé un trésor considérable et une armée des mieux disciplinée. Résolu de profiter de ces avantages et de l'état de détresse de la reine Marie-Thérése, *) il entra en Silésie au mois de Décembre 1740, et pendant qu'il s'occupait à en faire la conquête, il négocia avec la reine, ne lui demandant que les duchés de Glogau et de Sagan, lui offrant en retour deux millions, ainsi que la garantie de la pragmatique sanction, et de la dignité impériale pour le grand-duc de Toscane, son époux.

La reine, qui ne connaissait pas encore le jeune roi, et la supériorité de son génie, refusa ces offres, et rompit la négociation, qui fut suivie d'une guerre longue et sanglante. Ayant commencé en Silésie, elle se communiqua insensiblement à une grande partie du globe.

*) Histoire de mon tems dans les *Oeuvres posthumes* du ROI DE PRUSSE, T. I. p. 128.

GUERRE POUR LA SUCCESSION D'AUTRICHE.

La cour de France crut devoir saisir cette occasion, pour abaisser la maison d'Autriche, son ancienne rivale. Le cardinal de Fleury ne penchait nullement pour la guerre; son âge avancé de 85 ans, et la pragmatique sanction solennellement garantie par la derniere paix, le retenaient. Il fut contrarié dans ses vues par Mrs. de Belleisle freres, qui, pour se ménager l'occasion de signaler leurs talens, trouverent moyen de décider la cour pour la guerre.

On offrit à l'électeur de Baviere la couronne impériale, avec une partie des domaines dont on dépouillerait la maison d'Autriche. L'alliance de ce prince avec les cours de France et d'Espagne fut signée à Versailles le 18 May 1741. On y vit entrer successivement le roi de Pologne, comme électeur de Saxe, les rois de Prusse et de Sardaigne, les électeurs de Cologne et Palatin; et pour empêcher les Russes de donner des secours à la reine, on porta la Suede à leur déclarer la guerre.

L'ame de toutes ces différentes négociations était le maréchal de Belleisle, qui, à ce qu'on prétend, projetta à Francfort un traité de partage de tous les états d'Autriche. Le royaume de Boheme et la Haute-Autriche y étaient adjugés à l'électeur de Baviere: le margraviat de Moravie et la Haute-Silésie à l'électeur de Saxe: le reste de la Silésie tombait au roi de Prusse, et la Lombardie autrichienne au roi d'Espagne. On laissait à Marie Thérése le royaume de Hongrie, les Pays-Bas, la Basse-Autriche, les duchés de Carinthie et de Carniole. *)

La reine, s'étant plainte à la cour de France de l'infraction de la garantie promise par le dernier traité de Vienne, le cardinal de Fleury, pour se disculper, avança, que cette garantie supposait la clause: *salvo praejudicio tertii*, c'est-à-dire, qu'en donnant cette garantie, la France n'avait pas entendu porter préjudice à un tiers, tel que l'électeur de Baviere, dont elle ne connaissait pas alors les justes prétentions. À cette raison le cardinal en ajouta une autre, tirée d'un défaut de formalité, de ce que les états d'Empire n'avaient pas encore donné leur sanction à la paix définitive signée à Vienne entre l'empereur et la France. **)

Cette derniere puissance ne jugea cependant pas à propos de rompre aussitôt directement avec la reine. Les troupes qu'elle envoya au secours de l'électeur, au nombre de 40,000 hommes, porterent le nom de troupes auxiliaires. Elles étaient sous les ordres du maréchal de Belleisle, qui remplit en même tems les fonctions d'ambassadeur du roi auprès de la diete d'élection, assemblée à Francfort.

---

*) Ce projet déplut au roi de Prusse, qui n'aimait pas voir des rivaux s'élever à côté de lui. Il signa cependant son alliance avec la France, qui lui assùrait la Basse-Silésie; mais il fit un autre traité avec l'électeur de Baviere, par lequel, en lui garantissant la Haute-Autriche, le Tyrol, le Brisgau et la Boheme, il se réservait la Silésie et le comté de Glatz. *Histoire de mon tems*, p. 170. 174. 183.

*) ROUSSET, *Actes et mémoires*, T. XV. p. 377; T. XVI. p. 454.

L'électeur, à la tête de l'armée française réunie à la sienne, s'empara de la Haute-Autriche, et au lieu de marcher sur Vienne, il passa de-là dans la Boheme, où, secondé de 20,000 Saxons, il se rendit maître de Prague. Le comte Maurice de Saxe prit cette ville par escalade le 26 Novembre 1741 ; l'électeur fut alors couronné roi de Boheme.

Une autre armée française de 44,000 hommes, sous les ordres du maréchal de Maillebois, entra dans la Westphalie, et servit à contenir le zéle, qui animait les Hollandais et le roi d'Angleterre, électeur d'Hanovre, pour les intérêts de la reine. Le roi George II, qui avait assemblé une armée de trente mille hommes, dans l'intention de secourir cette princesse, fut obligé d'en venir à un traité de neutralité avec la France, qui fut signé à Hanovre le 27 Septembre 1741.

Le roi de Prusse, après avoir gagné le 20 Avril la bataille de Molwitz sur le comte de Neuperg, fit la conquête de toute la Silésie, et s'étant porté dans la Moravie, prit Olmütz le 26 Décembre.

À la suite d'une campagne aussi glorieuse, l'électeur de Baviere fut élu empereur à Francfort le 24 Janvier 1742, puissamment protégé par la France, et par les efforts du maréchal de Belleisle. Il prit le nom de Charles VII.

La situation de Marie-Thérése paraissait alors des plus critiques; sans ressource chez elle, attaquée par une ligue formidable, et abandonnée de tous ses alliés, cette princesse semblait n'avoir d'autre parti à prendre que de recevoir la loi de ses ennemis.   Cependant loin de se laisser abattre, elle montra un courage supérieur à celui de son sexe. Secondée par les ressources en argent, que les Anglais et les Hollandais lui fournirent, faute de pouvoir l'assister de leurs troupes, elle rassembla une armée considérable en Hongrie et en Autriche, et commença une guerre vigoureuse contre l'électeur de Baviere et tous ses alliés.

Ce prince, après avoir été chassé de la Haute-Autriche, fut attaqué jusques dans ses propres états. Le comte de Khevenhüller s'empara du poste d'Echärdingen, et repoussa le 17 Janvier 1742 le maréchal de Törring, qui s'était avancé à la tête de l'armée de Baviere, pour tâcher de l'en déloger. Cet avantage facilita aux Autrichiens la conquête de la Baviere. Ils s'emparerent de la ville de Munich par capitulation, qui fut signée le 13 Février.

La reine, convaincue qu'elle ne pourrait pas soutenir à la longue les efforts de tant de puissances réunies contre elle, crut devoir faire des démarches, pour en diminuer le nombre, et se servit à cet effet de la médiation du roi d'Angleterre.

Celui de ses ennemis, qui l'embarrassait le plus, était le roi de Prusse. Ce prince, après avoir fait la conquête de la Silésie et de la Moravie, s'était avancé dans la Boheme, où il remporta le 17 May 1742, près de Czaslau ou Chotusitz, une victoire complette sur les Autrichiens, commandés par le prince Charles de Lorraine.

TRAITÉS DE PAIX DE BRESLAU ET DE BERLIN
de 1742. *)

Le roi de la Grande-Bretagne ayant interposé ses bons offices, le roi de Prusse se prêta aux ouvertures qu'on lui fit. Le fruit de cette médiation furent des préliminaires signés à Breslau le 11 Juin, suivis de près du traité de paix définitif, conclu à Berlin, le 28 Juillet 1742, sous la garantie du roi de la Grande-Bretagne.

Par ces traités la reine céda au roi de Prusse en toute souveraineté:

1°. La Haute- et la Basse-Silésie, de même que le pays appellé Katscher, qui fesait ci-devant partie de la Moravie. Elle excepta de cette cession la principauté de Teschen et la ville de Troppau, avec les terres situées au delà de la riviere d'Oppa; c'est ce qui forme les duchés de Jägerndorf, de Troppau, et de Teschen. Art. 5 du traité définitif.

2°. Elle lui céda de même le comté de Glatz. Art. 5.

3°. Le roi de Prusse renonce, tant en son nom qu'en celui de ses héritiers et successeurs, à toutes autres prétentions quelconques qu'il pourrait avoir contre la reine. Art. 5.

4°. Le roi de Prusse de son côté s'engage à maintenir la religion catholique en Silésie sur le pied qu'elle avait été sous la maison d'Autriche, sauf

*) ROUSSET, *Actes et mémoires*, T. XVIII. p. 27. 35. WENK, *Codex juris gentium recentissimi*, T. I. p. 734. 739.

toutes fois ses droits de souveraineté et la liberté de la religion protestante. Art. 6.

5°. La reine renonce aux droits de domaine direct, que la couronne de Boheme avait exercés jusques alors sur plusieurs états, villes et districts appartenant à la maison de Brandebourg. Art. 11.

6°. La reine accorde au roi de Prusse le titre de duc souverain de la Silésie et de comte souverain de Glatz, à condition qu'elle aurait la liberté de se servir des mêmes titres. Art. 13.

L'électeur de Saxe est compris dans cette paix, à condition que dans l'espace de 16 jours il sépare ses troupes de l'armée française, et les retire de la Boheme. Art. 11 du traité de Breslau. L'électeur agréa cette condition, et par sa déclaration, donnée à Dresde le 28 Juillet 1742, il accéda non seulement à la paix de Berlin, mais il s'engagea même à conclure incessamment un traité d'alliance avec la reine. Elle fut signée à Vienne le 20 Décembre 1743 ; l'électeur reconnut de nouveau l'ordre de la succession autrichienne, tel qu'il était établi par la pragmatique sanction, et en promit la garantie. *)

TRAITÉ DE TURIN
de 1742. **)

Avant la défection du roi de Prusse et de l'électeur de Saxe, le roi de Sardaigne avait déja pris le parti d'abandonner aussi la grande alliance. Ce

*) WENK, T. I. p. 719 et 722. ROUSSET, T. XVIII. p. 102.
**) WENK, p. 672. ROUSSET, T. XVIII. p. 85.

prince, voyant que les Espagnols avaient des vues semblables aux siennes, et qu'ils visaient à la conquête du Milanois, jugea plus convénable à ses intérêts, que ce duché fût conservé à la reine. Il prit en conséquence le parti de passer le 1 Février 1742 à Turin une convention avec elle, par laquelle, sans préjudicier à ses droits et prétentions, il s'engagea à lui conserver le Milanois, et à en défendre, conjointement avec elle, l'entrée aux Espagnols.

Après la paix de Breslau, les Autrichiens tournerent toutes leurs forces contre lés Français dans la Boheme, et leur grande supériorité obligea le maréchal de Belleisle de se renfermer dans Prague. Il y fut assiégé par les Autrichiens, aux ordres du prince Charles et du comte de Königseck. La disette de vivres dont il se voyait menacé, l'engagea d'entrer en conférence avec l'ennemi. Il offrit de lui remettre la ville de Prague, à condition que l'armée française et la garnison pourraient se retirer où bon leur semblerait, avec armes, artillerie et bagages. Les Autrichiens refuserent ces offres, et exigerent que l'armée se rendît prisonniere de guerre. Le maréchal ayant rejetté une prétention aussi révoltante, le siége fut continué jusqu'au 14 Septembre, où les Autrichiens le leverent, pour aller au-devant du maréchal de Maillebois, qui s'était approché de la Boheme, dans l'intention de dégager les troupes françaises. Ce général n'ayant pu pénétrer dans la Boheme, prit poste sur le Danube aux environs de Ratisbonne, pour couvrir la Baviere. Les Autrichiens, commandés par le prince de Lobkowitz, renouvellerent alors le siége de Prague, où le maréchal de Belleisle se défendit courageusement jusqu'au 16 Décembre, qu'il sortit de la ville pendant la nuit, avec toutes ses troupes, au nombre d'environ 15000 hommes, et trompa si bien la vigilance du général autrichien, qu'il fit sa retraite à Egra, sans avoir reçu aucun échec.

En Italie, le roi de Sardaigne réunit ses troupes à celles de la reine, et s'empara du duché de Modéne, dont le duc s'était déclaré pour la maison de Bourbon. Le même prince repoussa l'Infant Don Philippe, qui était entré dans les états de Savoye par la Provence.

Le roi des deux Siciles, menacé dans le port de Naples, par une escadre anglaise, fut obligé d'embrasser la neutralité, et de rappeller les troupes qu'il avait jointes à celles d'Espagne, qui devaient agir dans la Lombardie.

La campagne de 1743 fut des plus favorables à la reine. Elle prit Egra sur les Français, et reconquit toute la Boheme. Le maréchal de Khevenhüller défit le 9 May, près de Simbach, les Bavarois, aux ordres du général Minucci, et se rendit maître de la ville de Braunau. Le prince Charles, arrivé sur ces entrefaites, délogea les Français de Deckendorf, et les força à vuider successivement toute la Baviere. Le maréchal de Broglie se retira en deçà du Rhin, et l'empereur Charles VII, en abandonnant sa capitale, transféra sa résidence à Francfort.

Encouragé par ces succès, le roi George II rompit le traité de neutralité de 1741, pour marcher en personne au secours de la reine. Il rassembla une armée composée de troupes anglaises, hanovriennes et hessoises, avec laquelle il dirigea sa marche par les Pays-Bas sur le Mein. Cette armée prit le nom de pragmatique, parcequ'elle était destinée à soutenir la pragmatique sanction autrichienne. Le maréchal de Noailles fut envoyé pour observer cette armée. Il fut battu dans une action qui se passa le 27 Juin à Dettingen, village de l'électorat de Mayence, proche Aschaffenbourg ; mais le roi d'Angleterre ne sut pas tirer parti de sa victoire. *) Les Hollandais ayant alors réuni leurs troupes à l'armée pragmatique, le roi George repoussa les Français jusqu'en Alsace.

En Italie, les affaires des Espagnols ne réussirent pas mieux. Les exploits du comte de Gages, qui les commandait, se bornerent à donner le 8 Février le combat de Campo-santo, dont les deux partis s'attribuerent l'avantage, et qui ne décida de rien. Il ne fut pas possible à l'Infant Don Philippe et au marquis de la Mina, qui avaient fait la conquête de la Savoye, de pénétrer en Italie, tant les passages étaient bien gardés.

TRAITÉ DE WORMS EN 1743. *)

Le roi George II, instruit des mouvemens que se donnaient les cours de Versailles et de Madrid,

---

*) *Histoire de mon tems*, T. II. p. 23. 28.

*) WENK, *Codex juris gentium*, T. I. p. 677. ROUSSET, T. XVIII. p. 91.

pour détacher le roi de Sardaigne des intérêts de la reine de Hongrie, ne négligea rien pour resserrer les noeuds de l'alliance entre ces deux puissances. Il y réussit par le nouveau traité qu'il négocia entre elles, et qui fut signé à Worms, le 13 Septembre 1743.

La reine y céda au roi de Sardaigne différens districts du Milanois, tels que:

1°. Le district de Vigévano, appellé le Vigévanesco.

2°. La partie du duché de Pavie située entre le Po et le Tessin.

3°. La ville de Plaisance, avec cette partie du duché de Plaisance, qui est située entre le Pavésan.

4°. La partie du pays d'Anghiera située sur l'état de Milan.

5°. Les droits qu'elle pouvait prétendre sur la ville et le marquisat de Final, afin de ménager au roi de Sardaigne une communication immédiate de ses états par mer avec les puissances maritimes. Cette clause indisposa la république de Genes, à qui appartenait Final.

En revanche le roi de Sardaigne renonça par ce traité, en faveur de la reine et de ses héritiers et successeurs, à ses droits et prétentions sur le duché de Milan, et s'engagea d'entretenir à son service, aussi longtems que durerait la guerre, une armée de quarante-cinq mille hommes. Le roi d'Angleterre promit de contribuer, pour l'entretien de cette armée, une somme annuelle de deux cens mille livres sterlings, et d'envoyer une puissante flotte dans la méditerranée pour faire une diversion en faveur de la reine.

En 1744, Louis XV, qui n'avait agi jusqu'alors que comme allié de l'électeur de Baviere, engagé par les circonstances, déclara formellement la guerre à Marie-Thérése et au roi d'Angleterre. Le roi des deux Siciles rompit la neutralité, et joignit de nouveau ses troupes à l'armée espagnole destinée à agir en Italie contre la reine et son allié, le roi de Sardaigne. *)

La guerre prit une nouvelle vigueur. Louis XV, à la tête d'une armée formidable, attaqua en personne les Pays-Bas autrichiens, et s'empara des villes de Menin, Ypres, Furnes et du fort de Knoque, tandis qu'il fesait des préparatifs pour un embarquement, qui devait se faire à Dunkerque en faveur du prétendant.

Une autre armée française, sous les ordres du prince de Conti, réunie à celle de l'Infant Don Philippe, pénétra dans le Piémont, et entreprit le siége de Coni. Le roi de Sardaigne s'étant approché, il se donna le 30 Septembre une bataille aux environs de cette ville, où l'Infant et le prince de Conti furent vainqueurs; mais la crue des eaux, la vigoureuse résistance des assiégés, et le manque de subsistances, obligerent les alliés à lever le siége et à repasser les Alpes.

La campagne précédante ayant terminé en quelque sorte la guerre en Empire, par la retraite des troupes françaises en deçà du Rhin, le prince Charles de Lorraine passa ce fleuve, le 2 et 3 Juillet 1744, près de Schreck, pour faire une invasion en Alsace. Il

---

*) ROUSSET, T. XVIII. p. 317. 348. 367.

s'empara des lignes de Lauterbourg, et vint établir son camp aux environs de Hochfeld. Le roi en ayant été instruit, quitta la Flandre avec l'élite de son armée, pour aller au secours de l'Alsace. Il y laissa le maréchal de Saxe avec le reste des troupes, et lui abandonna le soin d'une campagne défensive, qui le combla de gloire.

Le roi tomba malade à Metz; ses généraux, le duc d'Harcourt et les maréchaux de Noailles et de Coigny, forcerent les Autrichiens dans plusieurs de leurs postes en Alsace; mais le prince Charles de Lorraine, instruit de la nouvelle invasion du roi de Prusse, hâta bientôt sa retraite; il repassa le Rhin auprès de Beinheim, et dirigea sa route vers la Boheme.

TRAITÉ D'UNION DE FRANCFORT

en 1744.

Le roi de Prusse, en rompant le traité de Berlin, avait deux objets en vue, celui de protéger le chef de l'Empire, que la reine de Hongrie prétendait forcer à l'abdication, et celui d'assurer la conquête de la Silésie, que cette princesse semblait décidée à vouloir revendiquer. *) Ces considérations l'engagerent à contracter une nouvelle alliance avec la France, pour contrebalancer celle qui allait se former entre la reine, le roi de Pologne, l'électeur de Saxe, la Grande-Bretagne et la Russie. **) Par cette alliance,

---

*) *Histoire de mon tems*, T. II. p. 58.

**) Cette derniere alliance était annoncée dans l'article 5 du traité d'alliance entre la reine et l'électeur de Saxe, WENK, T. I. p. 727.

qui fut signée à Versailles, il s'engagea à faire une puissante diversion du côté de la Boheme, afin d'obliger les Autrichiens à sortir de l'Alsace. L'armée française devait les poursuivre, et rentrer dans la Baviere, tandis qu'une autre armée de cette puissance se porterait dans la Westphalie. *)

Pour se ménager aussi un titre plus apparent à rompre avec la reine, le roi conclut avec l'empereur Charles VII, avec l'électeur palatin et le landgrave de Hesse, un *traité d'union*, qui fut signé à Francfort, le 22 May 1744, **) et en vertu duquel les princes alliés promirent d'employer leurs efforts, pour obliger la cour de Vienne de reconnaître l'empereur en sa qualité de chef de l'Empire, et pour procurer le retablissement de ce prince dans ses états héréditaires.

En conformité de ces traités, le roi de Prusse recommença la guerre, par l'invasion qu'il fit dans la Boheme au mois d'Août 1744. Son armée y entra sur trois colonnes, dont l'une traversa la Saxe, l'autre la Lusace, et la troisieme déboucha de la Silésie par Braunau. Toutes ces différentes colonnes se porterent sur Prague, dont le roi se rendit maître le 16 Septembre, après un siége de six jours. Cependant les Autrichiens ayant trouvé moyen de faire leur jonction avec l'armée auxiliaire, que l'électeur de Saxe, en vertu de son alliance avec la reine, fit entrer dans

---

*) Par ce traité le roi de Prusse se réserva de la Boheme les trois cercles les plus voisins de la Silésie. *Histoire de mon tems*, T. II des *Oeuvres posthumes*, p. 72. 75.

**) WENK, T. II. p. 163. ROUSSET, *Actes et mémoires*, T. XVIII. p. 446.

la Boheme, il en résulta une supériorité en leur faveur, qui obligea le roi d'évacuer Prague au mois de Novembre, et de faire sa retraite dans la Silésie.

Dans l'intervalle les Français avaient repassé le Rhin, sous les ordres du maréchal de Coigny, et mis le siége devant Fribourg en Brisgau, à la fin de Septembre. Le roi s'y rendit en personne après sa convalescence. La ville et les châteaux tomberent au pouvoir des Français, sur la fin de Novembre.

Le général de Seckendorf, soutenu d'un corps de troupes françaises, rentra dans la Baviere, et l'empereur Charles VII retourna à Munich.

TRAITÉ DE PAIX DE FUESSEN
en 1745.

Un événement imprévu changea la face des affaires au commencement de 1745. La mort de l'empereur Charles VII, arrivée le 20 Janvier de cette année, mit fin à l'union de Francfort. Maximilien-Joseph, fils et successeur de ce prince dans l'électorat, se trouva disposé à faire sa paix avec la reine. L'attaque faite par le général Bathyani sur les quartiers dispersés des alliés, la retraite des Bavarois au delà de Munich, jointe à la défaite d'un corps français, sous les ordres de M. de Ségur, arrivée le 15 Avril à Pfaffenhofen, acheverent de le décider.

Cette paix particuliere fut signée le 22 Avril 1745 à Fuessen dans l'évêché d'Augsbourg. *) L'électeur y renonça

*) Ce traité se trouve dans WENK, *Codex juris gentium recentissimi*, T. II. p. 180, et dans *Sammlung von teutschen Staatsschriften nach dem Tode des Kaisers Karl*, T. I. p. 868.

renonça à son alliance avec la France, et fut rétabli dans ses états. Il abandonna ses prétentions à la succession de la maison d'Autriche, et signa de nouveau la pragmatique sanction. Il reconnut aussi l'activité de la voix électorale de Boheme, et promit de donner sa voix, à la future élection, au grand-duc François, époux de la reine.

Le traité de Fuessen fut précédé de la quadruple-alliance, conclue à Varsovie le 8 Janvier 1745 entre le roi de la Grande-Bretagne, la reine de Hongrie, le roi de Pologne, comme électeur de Saxe, et les Hollandais, pour le rétablissement de la paix et de la tranquillité en Europe et dans l'empire germanique. *) En vertu de cette alliance, le roi de Pologne, comme électeur de Saxe, s'engagea à faire marcher en Boheme une armée de 30,000 hommes, pour la défense de ce royaume. Le roi d'Angleterre promit de payer annuellement cent mille livres sterlings, et les Hollandais cinquante mille, pour l'entretien de cette armée. Un autre article de cette alliance portait, que, si l'électeur de Saxe était attaqué, les alliés le soutiendraient de toutes leurs forces. On invita la Russie et la république de Pologne d'accéder à cette alliance.

Le roi de Prusse, abandonné de ses alliés, et mal soutenu par les Français, jugea à propos de se tenir sur la défensive à l'entrée de la campagne de 1745. Il se retrancha dans la Silésie, où il attendit de pied ferme l'armée combinée des Autrichiens et des Saxons.

*) WENCK, T. II. p. 171. ROUSSET, T. XVIII. p. 516.

Le prince Charles, qui la commandait, pénétra dans la Silésie par Landshut, et s'avança dans les plaines de Hohenfriedberg. Il y fut attaqué à l'improviste par le roi de Prusse, et battu complettement le 4 Juin. Ce prince fit sa retraite dans la Boheme, et y fut suivi par le roi de Prusse; mais la position avantageuse, que prirent les Autrichiens auprès de Königsgrätz, jointe à la nécessité où était le roi, de maintenir sa communication avec la Silésie, l'empêcherent de tirer parti de sa victoire, et de pénétrer plus avant dans la Boheme. Il garda sa position à Chlum jusqu'à la fin de Septembre, qu'il reprit la route de la Silésie.   Poursuivi dans sa retraite par le général autrichien, le roi l'attaqua vigoureusement, le 30 Septembre, auprès de Sorr ou Trautenau dans le cercle de Königsgrätz; et quoiqu'il n'eût que dix-huit mille hommes à opposer à quarante mille, il remporta encore une victoire complette. L'inégalité du terrain où la bataille fut livrée, ôta à l'ennemi l'avantage, que lui donnait la supériorité du nombre.

Dans l'intervalle, une armée française commandée par le prince de Conti, avait traversé le Rhin et le Mein, pour empêcher l'élection du grand-duc au trône impérial.   Le duc d'Aremberg, qui commandait l'armée pragmatique, fut obligé de se retirer au delà de la Lahn; mais ce général ayant fait sa jonction avec l'armée autrichienne, et le grand - duc ayant pris le commandement en chef de l'armée combinée, il ne resta d'autre parti à prendre aux Français, que celui de se retirer en deçà du Rhin; leurs forces ayant été considérablement affaiblies par un gros détachement, que le prince de Conti avait fait pour la Flandre. Cette retraite avança l'élection de François I, qui eut lieu le 13 Septembre à Francfort, avec protestation de la part de l'ambassadeur de Brandebourg et de celui de l'électeur palatin.

Le roi de Prusse, vainqueur à Sorr, résolut d'attaquer l'électorat de Saxe. Il avait entamé une nouvelle négociation avec la cour de Londres, pour le rétablissement de la paix avec la reine. Les deux souverains avaient signé, dès le 26 Août 1745, une convention à Hanovre, qui en renfermait les articles préliminaires; mais la reine, qui se flattait toujours de pouvoir reconquérir la Silésie, ayant rejetté avec hauteur cet accommodement, le roi de Prusse, pour la forcer d'y souscrire, crut devoir accabler le roi de Pologne, électeur de Saxe. Dans ces vues il se porta, sur la fin de Novembre 1745, avec toutes ses forces dans la Lusace, et ayant conquis cette province, il dirigea sa marche sur Dresde. Le roi de Pologne se sauva à Prague. Le prince de Dessau s'étant avancé par le pays de Magdebourg en Saxe, prit Leipsic et Meifsen, et s'ouvrit la communication avec le roi.

Le prince Charles marcha alors au secours de Dresde; mais avant qu'il put faire sa jonction avec l'armée saxonne, celle-ci fut défaite à Kesselsdorf, le 15 Décembre, par le prince de Dessau. Les Saxons, ainsi que les Autrichiens, furent repoussés dans la Boheme. Dresde se rendit au roi le 17 Décembre; tout l'électorat de Saxe fut mis à contribution. Par une conduite aussi mâle et aussi vigou-

reuse, le roi de Prusse obligea la reine de donner les
mains à la convention d'Hanovre, pour préserver
d'une entiere ruine les états de son allié, l'électeur de
Saxe.

TRAITÉ DE PAIX DE DRESDE

en 1745. *)

La négociation ayant été reprise à Dresde, la
paix y fut signée le 25 Décembre 1745 entre la reine,
le roi de Prusse et l'électeur de Saxe, sous la médiation de l'Angleterre.

Par ce traité, le roi de Prusse rendit à l'électeur
de Saxe tout ce qu'il lui avait enlevé pendant la
guerre, moyennant un million d'écus d'Allemagne,
dont l'électeur lui garantit le payement.   Art. 3.

L'électrice de Saxe, fille de l'empereur Joseph,
renonça, pour elle et pour ses héritiers, à tous les
droits, que la pragmatique sanction lui donnait sur
les possessions cédées au roi de Prusse par la paix de
Breslau en 1742.   Art. 6.

La religion protestante fut maintenue dans l'électorat de Saxe et dans la Lusace, de même que dans
les états du roi de Prusse, sur le pied des traités de
Westphalie.   Art. 8.

Quant au traité entre le roi de Prusse et l'impératrice-reine, il eut pour base ceux de Breslau et

---

*) Ce traité de paix, ainsi que la convention d'Hanovre, qui lui
servit de base, se trouvent dans WENCK, T. II. p. 191. 194.
207, et dans ROUSSET, T. XIX. p. 423 et 430.

de Berlin, et la convention d'Hanovre. Marie-Thérése y renonce de nouveau à la Silésie et au comté
de Glatz, cédés au roi par les traités susdits. Art. 2.

Le roi, en sa qualité d'électeur de Brandebourg,
reconnaît l'activité de la voix électorale de Boheme,
et adhére à l'élection de François-Étienne, époux de
Marie-Thérése. Art. 7.

Le roi d'Angleterre se constitue garant de la
cession de la Silésie et du comté de Glatz envers le
roi de Prusse, et promet en outre d'engager les Hollandais et les états de l'empire à s'en charger pareillement. Art. 9. *)

La paix de Dresde rendit à l'Empire sa tranquillité; mais la guerre continua dans les Pays-Bas, en
Italie et dans les deux Indes. Les Français eurent
les plus grands succès dans les Pays-Bas. Ils y remporterent des victoires brillantes sous la conduite du
maréchal de Saxe. Celle de Fontenoy du 11 May
1745 est surtout remarquable. Le siége de Tournay,
entrepris par les Français, avait attiré les alliés dans
le voisinage de cette ville, et servit à engager l'action,
qui fut des plus meurtrieres. Les alliés s'y distinguerent beaucoup sous les ordres du duc de Cumberland et du maréchal de Königseck; mais la victoire
resta aux Français.

Elle fut suivie de la conquête d'une grande partie
des Pays-Bas autrichiens. Tournay, Gand, Bruges,
Oudenarde, Nieuport, Ath, Bruxelles, Malines,
Louvain, Anvers, Mons, Charleroi, Namur, se

---

*) Voyez ces actes de garantie dans WENCK, T. II. p. 203. 527.

rendirent successivement aux Français dans les deux campagnes de 1745 et 1746. Ces succès furent couronnés par la victoire, que le maréchal de Saxe remporta le 11 Octobre 1746 à Raucoux sur le prince Charles de Lorraine. Les ennemis y laisserent 12,000 hommes tués et perdirent 3000 prisonniers.

La France, dans l'intention d'accélérer la paix, prit alors le parti d'attaquer les Hollandais. Les motifs de cette résolution sont contenus dans une déclaration, présentée le 17 Avril 1747 aux États-Généraux par l'abbé de la Ville, qui résidait de la part du roi à la Haye. Parmi ces motifs on rapporte 1°. Les secours donnés à la reine. 2°. La retraite accordée aux troupes ennemies après la bataille de Fontenoy. 3°. La violation du territoire français par les troupes de la république, dans la campagne de 1744. Le roi déclara cependant, qu'il ne regardera les places et pays, qu'il serait obligé d'occuper pour sa propre sûreté, que comme un dépôt, qu'il s'engage de restituer, aussitôt que les provinces-unies ne fourniront plus de secours à ses ennemis. *)

Les Français ayant attaqué en 1747 la Flandre hollandaise, s'emparerent de l'Écluse, de Sas-de-Gant, de Philippine, de Hulst et d'Axel. Le mauvais état de ces places fut cause qu'ils n'y trouverent pas beaucoup de résistance.

Cette invasion répandit la consternation dans la province de Zélande, qui, par la conquête de la Flandre hollandaise, se voyait dépouillée de sa barriere.

---

*) ROUSSET, T. XX. p. 5.

Le peuple des différentes villes se souleva contre les magistrats, et les força à déférer le stadhouderat à Guillaume IV, prince d'Orange, pour lui et ses descendans mâles et femelles.

L'armée française se rapprocha de Maestricht, dans l'intention d'en former le siége. Les alliés, sous les ordres du duc de Cumberland, s'étaient postés auprès du village de Lawfeld, dans les environs de cette ville. Le maréchal de Saxe vint les y attaquer le 2 Juillet 1747, et après une action plus sanglante que celle de Fontenoy, les força de faire retraite et de passer la Meuse avec précipitation. Le duc de Cumberland établit alors son camp dans le duché de Limbourg, de façon qu'il continua à couvrir Maestricht, et qu'il fut impossible au maréchal d'attaquer cette place.

La ville de Berg-op-Zoom, qu'on croyait imprenable par sa situation et par les marais qui l'environnent, fut prise d'assaut par le comte de Loewendal, après soixante cinq jours de tranchée ouverte.

En Italie, le sort des armes fut moins favorable aux Français et aux Espagnols, leurs alliés. La campagne de 1745 leur avait fait espérer les plus grands succès. Les Génois, offensés du traité de Worms, s'étaient alliés avec la France et l'Espagne, et s'étaient obligés de leur fournir 10,000 hommes et un train d'artillerie considérable. Cette réunion, jointe aux victoires, que le général de Gages remporta cette même année sur les Autrichiens auprès de Rimini et de Bassignano, ménagea aux alliés la conquête de toute la Lombardie, à l'exception de Turin et de

Mantoue, qu'ils tenaient bloquées; mais la face des affaires changea entiérement dans le cours de l'année 1746.

L'impératrice reine, débarrassée du roi de Prusse, envoya en Italie un renfort de 30,000 hommes, qui lui assûra la supériorité. Les Français et les Espagnols furent successivement chassés de toutes leurs conquêtes, et après la grande défaite qu'ils essuyerent le 16 Juin à Plaisance, ils se virent forcés de précipiter leur retraite. Ce qui augmenta la confusion, c'est que le nouveau roi d'Espagne, Ferdinand VI, qui venait de succéder à son pere, Philippe V, s'avisa de rappeller son armée d'Italie. Les Français, obligés de suivre les Espagnols, repasserent avec eux les Alpes, pour se retirer en Provence.

Ces revers répandirent la terreur à Genes: le sénat, au lieu de pourvoir à sa défense, ouvrit précipitamment ses portes aux Autrichiens le 5 Septembre, et se soumit à toutes les lois que le marquis de Botta, général de l'impératrice-reine, jugea à propos de lui imposer.

Les ennemis, profitant de leurs avantages, passerent le Var, et entrerent en Provence, où ils entreprirent le siége d'Antibes, secondés par une escadre anglaise, qui bombardait par mer cette place.

Un événement extraordinaire, arrivé à Genes à la fin de 1746, déconcerta bientôt leurs mesures. Les Génois maltraités par les Autrichiens, qui en exigeaient des contributions exorbitantes, et qui vivaient à discrétion à Genes, se souleverent tout d'un coup à la vue d'un officier autrichien, qui frappait d'un coup de canne un homme du peuple. Ils coururent aux armes, et ayant mis un prince Doria à leur tête, ils réussirent à chasser, le 5 Décembre et jours suivans, leurs nouveaux maîtres. Le général Botta, après avoir perdu beaucoup de monde, fut obligé d'abandonner ses magazins et ses équipages, pour repasser la Bocchetta et sortir de l'état de Genes. Cet événement contribua à délivrer la Provence de l'armée ennemie. Les provisions qu'elle tirait de Genes, lui manquerent. Le maréchal de Belleisle s'étant rapproché à la tête d'une armée, les alliés furent forcés de lever le siége d'Antibes le 19 Janvier 1747.

Ils tournerent ensuite leurs forces contre les Génois, et entreprirent le blocus de cette ville. Le roi envoya de puissans secours par mer à la république, et lui donna pour général le duc de Bouflers, qui, étant mort à Genes de la petite vérole, y fut remplacé par le duc de Richelieu.

Pour faire en même tems une diversion par terre du côté de Piémont, le maréchal de Belleisle attaqua le comté de Nice, et en fit la conquête. Il envoya ensuite un corps de troupes, commandé par le chevalier de Belleisle son frere, dans la vallée de Sture, pour menacer le Piémont. Cette manoeuvre servit à dégager Genes; mais le Chevalier de Belleisle reçut un échec considérable, en attaquant les retranchemens d'Exiles vers le col de l'Assiette, où il fut tué le 19 Juillet 1747.

Par mer, les Français essuyerent plusieurs désastres. Les Anglais leur enleverent Louisbourg et le Cap-Breton dans le cours de la campagne de 1745; cette perte fut compensée en quelque sorte par la prise de Madras, dont les Français se rendirent maîtres l'année suivante. Deux combats de mer, qu'ils livrerent aux Anglais pendant la campagne de 1747, acheverent de détruire tout ce qui restait encore de la marine française, qui se trouva alors réduite à un seul vaisseau de guerre.

Sur ces entrefaites, l'impératrice de Russie fit marcher des troupes au secours de la reine et des alliés, en exécution de différens traités d'alliance et de subsides, arrêtés entre les cours de Londres, de Vienne et de Pétersbourg en 1746 et 1747. *) L'armée russe, composée de 37,000 hommes, et commandée par le prince de Repnin, traversa, au commencement de 1748, la Pologne, la Moravie et la Boheme, et dirigea sa marche sur le Rhin. Elle servit à hâter la conclusion de la paix, dont toutes les puissances belligérantes avaient également besoin.

N É G O C I A T I O N S.

Déja en 1746 on avait ouvert des conférences à Bréda, où le marquis de Puysieux fut envoyé en qualité de ministre plénipotentiaire de la France, pour aviser avec ceux d'Angleterre et de Hollande aux moyens de reconciliation entre les puissances; mais les Anglais, qui avaient eu des avantages considérables sur mer, et qui s'en promettaient de plus grands encore, ne firent que traîner en longueur, et les

---

*) ROUSSET, *Actes et mémoires*, T. XIX. p. 460. 492.

Hollandais , divisés par la faction d'Orange et celle des négocians, ne montrerent non plus des dispositions à seconder les vues pacifiques de la cour de France.

Ces conférences furent donc infructueuses, et la France, pour rendre les cours maritimes plus traitables , prit en 1747 la résolution de porter la guerre dans l'enceinte du territoire des Provinces-unies.

Les succès qu'elle eut dans cette campagne , l'importante victoire de Lawfeld, et le danger qui menaçait la Hollande, après la prise de la ville de Berg-op-Zoom , engagerent enfin la cour de Londres à se concerter avec celle de Versailles, pour ouvrir à Aix-la-Chapelle de nouvelles conférences pour la paix.

Toutes les puissances belligérantes y députerent successivement leurs ministres, depuis le mois de Mars de l'année 1748.

La France envoya à ce congrès le comte de St. Séverin d'Aragon , et Mr. de Laporte du Theil.

L'Angleterre, le comte de Sandwich et le chevalier Thomas Robinson.

Le ministre de l'impératrice-reine fut le comte de Kaunitz-Rittberg.

Celui du roi d'Espagne , Don Jacques Masones de Lima y Soto Mayor.

Ceux du roi de Sardaigne , le chevalier Don Joseph Ossorio, et le comte Joseph Borré de Chavanne.

Ceux des États-généraux , le comte de Bentinck, le baron de Wassenaer, le bourguemaître Hasselaer d'Amsterdam , le baron de Borssele , le Grietman Onno Zwier de Haren.

Le duc de Modene y envoya le comte de Monzone, et la république de Genes, le marquis François Doria.

La premiere conférence générale entre ces ministres eut lieu le 24 Avril. La négociation ne devait être ni longue ni épineuse, à cause de la grande facilité qu'y apportait la cour de France, qui, après les efforts les plus extraordinaires, et les succès les plus éclatans, n'exigea aucun dédommagement, mais offrit généreusement la restitution de toutes ses conquêtes.

Un événement qui contribua encore à hâter la conclusion de la paix, ce fut le siége de Maestricht, que le maréchal de Saxe entreprit le 13 Avril, en présence d'une armée ennemie de quatre-vingt mille hommes, et par la plus belle et la plus savante manoeuvre de guerre. Cette ville prise, toute la Hollande était ouverte aux Français, et la république ménacée de désastres pareils à ceux de l'année 1672.

Tout invitait donc à accélérer les opérations du congrès. Y ayant apparu cependant, dès la deuxieme conférence, qui eut lieu entre les ministres rassemblés à Aix-la-Chapelle, qu'il serait difficile d'accorder tous les intérêts divers qui se croisaient, la France, l'Angleterre et la Hollande, pour abréger la négociation, prirent le parti de signer, le 30 Avril, les articles préliminaires séparément dans une conférence secréte, et de les faire approuver peu à peu de toutes les autres puissances belligérantes. *)

____

*) Ce traité des préliminaires se trouve, avec les actes d'accession

On y convint, par un article séparé, d'une suspension d'armes, qui aurait lieu dans tous les Pays-Bas, immédiatement après la signature du traité des préliminaires, à l'exception du siége de Maestricht, qu'il fut permis au maréchal de Saxe de continuer. Cette ville se rendit par capitulation à la France, le 7 May suivant.

On s'occupa depuis au congrès de la négociation relative à l'accession des différentes puissances, qui n'avaient point pris part au traité des préliminaires; et par une convention particuliere, signée le 2 Août, on arrêta la retraite de l'armée auxiliaire Russe, à laquelle on assigna des quartiers d'hiver dans la Boheme. *)

Enfin toutes les difficultés qui s'étaient opposées à la conclusion du traité définitif, ayant été applanies, ce traité fut signé le 18 Octobre à Aix - la - Chapelle entre la France, l'Angleterre et la Hollande, et revêtu successivement, ainsi que l'avait été le traité des préliminaires, de l'accession et de la signature des autres puissances. **)

---

des différentes puissances, dans WENCK, *codex juris gentium recentissimi*, T. II. p. 310; et dans ROUSSET, *actes et mémoires*, T. XX. p. 158.

*) WENCK, p. 335.

**) *Traité de paix entre le roi, le roi de la Grande-Bretagne et les États-généraux des Provinces-unies des Pays-Bas, conclu à Aix-la-Chapelle le 18 Octobre 1748, à Paris de l'imprimerie royale 1750.* WENCK, T. II. p. 337. ROUSSET, T. XX. p. 179.

Le roi des deux Siciles, qui avait aussi été impliqué dans la guerre, fut le seul qui refusa sa signature, par les motifs que nous rapporterons ci-après.

ARTICLES DU TRAITÉ DE PAIX DÉFINITIF.

Tous les traités antérieurs, depuis la paix de Westphalie de 1648, ceux de Nimégue de 1678 et 1679, de Ryswic de 1697, d'Utrecht de 1713, de Bade de 1714, de la triple-alliance de la Haye de 1717, de la quadruple-alliance de Londres de 1718, de Vienne de 1738, sont renouvellés et adoptés pour base et fondement de la paix présente. Art. 3.

Les prisonniers et otages sont rendus de part et d'autre, de même que toutes les conquêtes qui ont été faites pendant la guerre, soit en Europe, soit dans les Indes. La France s'engage nommément à rendre à la maison d'Autriche les Pays-Bas, aux Hollandais Berg-op-Zoom et Maestricht, au roi de Sardaigne la Savoye et le comté de Nice; les Anglais restituent à la France l'Ile-royale, dite Cap-Breton, en Amérique. Art. 4, 5, 6, 8 et 9. Il est ajouté d'ailleurs, dans l'art. 9, que dans les deux Indes toutes choses seront remises, entre la France et l'Angleterre, sur le pied qu'elles étaient ou devaient être avant la présente guerre.

En considération de ce que la France restituait les Pays-Bas à l'impératrice-reine, la Savoye et le comté de Nice au roi de Sardaigne, et les places de Berg-op-Zoom et de Maestricht aux Hollandais, les duchés de Parme, de Plaisance et de Guastalle sont cédés à Don Philippe, infant d'Espagne, frere cadet de Don Carlos, pour être possédés par lui et ses descendans mâles, nés de légitime mariage, sur le même pied que Marie-Thérèse et le roi de Sardaigne les avaient possédés en conformité du traité de Worms. Art. 7.

On avait stipulé, par l'art. 4 du traité des préliminaires, le droit de réversion de ces duchés, c'est-à-dire celle de Parme et de Guastalle en faveur de la reine, et celle de Plaisance en faveur du roi de Sardaigne, dans les deux cas suivans :

1.° Si les descendans mâles de Don Philippe venaient à manquer.

2.° Si Don Carlos, roi des deux Siciles, passait à la couronne d'Espagne.

Cette derniere clause, ainsi exprimée, prouve que les plénipotentiaires de France étaient dans l'opinion, que Don Carlos, roi des deux Siciles, passant à la couronne d'Espagne, rien n'empêcherait son frere, l'infant Don Philippe, de monter au trône des deux Siciles, et que par conséquent les duchés de Parme et de Plaisance pourraient alors retourner à leurs premiers maîtres. Ils n'avaient pas fait attention aux termes du troisieme traité de Vienne, qui assuraient le royaume des deux Siciles à Don Carlos et à tous ses descendans mâles et femelles, et qui laissaient ce prince le maître de le transférer sur l'un de ses fils, selon l'esprit des traités précédens, si même il ne lui était pas permis, comme on le soutenait, de réunir ce royaume à la monarchie espagnole.

Instruits depuis de leur méprise, les plénipotentiaires de France firent des efforts, pour rectifier cette
clause des préliminaires par le traité définitif. L'impératrice-reine se prêta à ce changement; on établit
le droit de réversion du duché de Parme en faveur
de la reine, dans les deux cas : 1.° au défaut de mâles issus de Don Philippe,   2.° si Don Philippe ou
un de ses descendans, était appellé au trône d'Espagne
ou à celui de Naples. *)

Quant au roi de Sardaigne, il n'eut pas autant
de complaisance que la reine. Il exigea que le traité
définitif fût à son égard en tout pareil à celui des préliminaires; **) d'où il arriva, que, lorsque Don Carlos
succéda en 1759 en Espagne, le roi de Sardaigne
prétendit rentrer dans la partie du Plaisantin, qui lui
avait été abandonnée par le traité de Worms. C'est
ce qui amena le traité de Paris du 10 Juin 1763, par
lequel le roi de Sardaigne consentit à limiter la réversion du Plaisantin jusqu'à la Stura aux deux cas
suivans : 1.° si la ligne masculine de Don Philippe
venait à s'éteindre; 2.° si ce prince ou ses descendans
mâles venaient à passer à l'une des couronnes de leur
famille. En attendant l'un ou l'autre cas de la dite
réversion, les rois de France et d'Espagne s'obligerent
à faire au roi de Sardaigne la remise de la somme
capitale du revenu du dit pays, pour lui tenir lieu
d'équi-

*) Voyez *l'acte de cession de la reine*, inséré dans l'art. 7 du traité de
   paix définitif.

**) Voyez *l'acte de cession du roi de Sardaigne*, inséré dans l'art. 7
   du traité de paix définitif.

d'équivalent, avec cette clause, qu'il sera tenu d'en faire la restitution, dès que l'un ou l'autre cas de réversion arrivera.

Les districts du duché de Milan, qui avaient été cédés au roi de Sardaigne par le traité de Worms de 1743, tels que le district de Vigévano, une partie du duché de Pavie et du pays d'Anghiera, lui sont confirmés. Art. 12.

On n'y comprend ni la *partie du Plaisantin* exprimée dans le traité de Worms, et cédée à Don Philippe, par la paix définitive, ni le *marquisat de Final*, dans lequel les Génois sont maintenus.

Le duc de Modene et la république de Genes sont réintégrés dans tous les états, places, forts et biens quelconques, dont ils jouissaient avant la guerre. Art. 13 et 14.

Au lieu de déclarer, que l'article du traité de Worms concernant le marquisat de Final serait aboli, on stipula simplement, dans l'art. 15 du traité de paix définitif d'Aix-la-Chapelle, que toutes choses demeureraient en Italie dans l'état où elles étaient avant la guerre, à l'exception de ce qui regarde l'établissement de l'infant Don Philippe. Le traité de l'assiento pour la traite des negres, signé à Madrid le 26 Mars 1713, est renouvellé en faveur de la compagnie anglaise de l'assiento, pour les quatre ans que la jouissance en a été interrompue pendant la guerre. Art. 16.

Cette disposition du traité d'Aix-la-Chapelle fut échangée par un autre, signé à Madrid en 1750, *)

____

') WLNCK, T. II. p. 464. ROUSSET, T. XX. p. 349.

qui porte que la compagnie anglaise renoncerait entiérement au commerce de l'assiento , moyennant une somme de cent mille livres sterlings , et quelques avantages, que les Espagnols lui accorderent dans le commerce.   Dunkerque restera fortifié du côté de la terre, en l'état où il est actuellement , et du côté de la mer il restera sur le pied des anciens traités. *) Art. 17.

La garantie de la succession au trône de la Grande-Bretagne en faveur de la maison d'Hanovre, déja établie par l'art. 5 du traité de la quadruple - alliance, est renouvellée , et le roi de la Grande- Bretagne, en sa qualité d'électeur de Brunswic-Lunebourg, est compris dans la paix.   Art. 19 et 20.

Toutes les puissances, qui avaient déja précédemment garanti la pragmatique sanction autrichienne, la renouvellent dans la meilleure forme possible. Art. 21.

Toutes les puissances contractantes accordent pareillement au roi de Prusse la garantie de la Silésie et du comte de Glatz. Art. 22.

Toutes les puissances contractantes et intéressées au présent traité , en garantissent réciproquement l'exécution.   Art. 23.

Par un article séparé du traité, il fut stipulé, que la langue française, dont on s'était servi pour le rédiger, ne tirerait pas à conséquence, et ne porterait aucun préjudice aux autres puissances.

*) Il est étonnant que la France victorieuse ait consenti, par cet article, au renouvellement de la clause humiliante du traité d'Utrecht,
relative au port de Dunkerque.

HISTOIRE
DES TRAITÉS DE PAIX
DE PARIS
ET
DE HUBERTSBOURG,
en 1763.

ORIGINE DE LA GUERRE DE SEPT ANS.

La paix d'Aix-la-Chapelle ne rétablit que faiblement la bonne intelligence entre la France et l'Angleterre; outre la rivalité qui divisait les deux nations, plusieurs circonstances fesaient présumer, que la paix qu'elles venaient de conclure, ne serait pas de longue durée. L'activité, avec laquelle la France augmentait sa marine depuis la paix, ne pouvait que donner de l'ombrage à l'Angleterre, qui visait depuis longtems à l'empire absolu des mers.

Il subsistait d'ailleurs entre ces deux nations des différens touchant leurs possessions respectives en Amérique, que la paix d'Aix-la-Chapelle avait laissé indécises. L'art. 9 de ce traité, en ordonnant la restitution des conquêtes faites en Amérique pendant la guerre, ajoutait vaguement, que *toutes choses d'ailleurs seraient remises sur le pied qu'elles étaient ou devaient être avant la guerre.* Ces termes, *devaient être*, ne laisserent pas d'ouvrir une ample carriere à la cupidité anglaise, et lui servirent de prétexte pour se permettre journellement de nouvelles entreprises contre les Français, dans les contrées septentrionales de l'Amérique, dont les limites n'avaient jamais été réglées par aucun traité.

Le principal différent roulait sur les limites de l'Acadie, connue aujourd'hui sous le nom de Nouvelle-Écosse. Elle avait été cédée par l'article 12 du traité d'Utrecht, *conformément à ses anciennes limites;* mais quelles étaient ces anciennes limites? Il est assez croyable qu'elles étaient totalement inconnues, puisque chacune des deux nations les fixait à sa fantaisie. Les Français les resserraient dans une partie de la péninsule même, n'accordant aux Anglais que cette partie, qui s'étend depuis le Cap-Ste-Marie jusqu'au Cap-Canseau. Les Anglais au contraire comprenaient sous le nom d'ancienne Acadie, outre la totalité de la péninsule, toute cette partie du continent de l'Amérique, qui s'étend depuis la riviere de Kinibeki jusqu'au golfe St. Laurent, aux environs de Québec, et de là le long du fleuve St. Laurent jusqu'à l'océan.

Un autre différent regardait les îles Caraïbes, celles de Ste. Lucie, de la Dominique, de St. Vincent et de Tabago, dont les deux nations se contestaient réciproquement la possession. On convint de nommer des commissaires pour accommoder ces différens à l'amiable. Leurs conférences s'ouvrirent à Paris dès la fin de Septembre 1750; elles durerent jusqu'en 1755. *)

Les Anglais, persuadés que les Français ne cherchaient qu'à gagner du tems, pour donner à leur marine l'étendue et la consistance dont elle avait besoin, crurent devoir accélérer la rupture, par des hostilités exercées en Amérique. Sans déclaration de guerre préalable, ils attaquerent le 8 Juin 1755, à la hauteur du cap Raz de l'île de Terre-neuve, deux vaisseaux de guerre français, et s'en rendirent maîtres. Immédiatement après, les corsaires anglais tomberent sur les vaisseaux marchands français, et en enleverent successivement jusqu'au nombre de 300, dont plusieurs richement chargés, et au moins 8000 matelots.

La guerre commencée de cette façon en Amérique, s'étendit bientôt dans les autres parties du monde, et embrasa une grande partie de l'Europe.

La politique de l'Angleterre semblait exiger qu'elle cherchât à occuper les Français sur le continent de l'Europe, par une puissante diversion qui les empechât de faire de grands efforts par mer, et qui facilitât à l'Angleterre la conquête des colonies françaises en Amérique. Au lieu d'éviter ce piege, en se bornant uniquement à des opérations navales, la France seconda les vues et les intérêts du ministere britannique. En repoussant par mer les hostilités des Anglais, elle se décida en même tems pour une guerre de terre, par

*) Voyez *mémoires des commissaires du roi et de ceux de sa majesté Britannique*, en 3 volumes in 4to.

une invasion qu'elle projetta dans l'électorat d'Hanovre.

Ce dessein s'étant manifesté par la négociation qu'elle entama avec l'électeur de Cologne, pour des magazins qu'elle comptait former en Westphalie, le roi d'Angleterre, alarmé de l'orage qui menaçait son électorat, s'adressa à l'impératrice-reine, pour lui demander les troupes auxiliaires qu'il croyait être en droit d'exiger d'elle, comme allié et garant de la sanction pragmatique. L'impératrice prétexta la crainte dans laquelle elle était d'une invasion de la part du roi de Prusse, si elle envoyait ses troupes dans la Basse-Allemagne. Ce refus engagea le roi d'Angleterre à mettre son électorat d'Hanovre sous la sauvegarde du roi de Prusse, par le traité qui fut signé à Londres le 16 Janvier 1756, et qui avait pour but de maintenir la tranquillité en Empire, et d'empêcher que des troupes étrangeres n'y entrassent, pendant tout le tems que dureraient les troubles entre la France et l'Angleterre. *)

Ce traité, qui alliait les rois de Prusse et d'Angleterre, servit à unir les maisons de Bourbon et d'Autriche, si longtems divisées d'intérêts. Leur alliance, préparée de longue main par le comte de Kaunitz, fut signée à Versailles le 1 May 1756. Elle établit une garantie mutuelle des états de ces deux puissances, situés en Europe, avec la promesse d'un secours de 24,000 hommes, au cas que l'une ou l'autre

*) *Chancellerie* de FABER, Tome CX. p. 657. JENKINSON, *recueil de traités*, T. III. p. 54.

des deux puissances fût attaquée.   La guerre qui venait d'éclater entre la France et l'Angleterre, fut exceptée de l'alliance. *)

Le roi de Prusse s'était flatté, que son alliance avec l'Angleterre le rapprocherait de la Russie, n'ignorant pas la parfaite intelligence, qui subsistait entre ces deux cours; mais il ne fut pas longtems sans s'appercevoir qu'il s'était trompé dans son attente. L'animosité des ministres de Russie contre ce prince, les engagea à rompre avec l'Angleterre, pour accéder à l'alliance de Versailles.**)

GUERRE DE SEPT ANS.

Campagne de 1756.

La guerre étant alors décidée entre la France et l'Angleterre, les Français la déclarerent en forme le 9 Juin 1756. Le maréchal de Richelieu, à la tête d'une escadre française, attaqua l'ile de Minorque, et mit le siége devant le fort St. Philippe, que les Anglais regardaient comme imprenable.   Une escadre anglaise, sous les ordres de l'amiral Bing, s'étant approchée pour dégager le fort, elle succomba dans un combat, qu'elle livra le 20 Mai à Mr. de la Galissonniere, qui commandait l'escadre de France.   La

---

*) FABER, T. CX. p. 664.   MABLY, *droit public de l'Europe, fondé sur les traités*, T. III. p. 457.   *Doutes et questions sur le traité de Versailles* de 1756, par FAVIER, 1789.

**) *Histoire de mon tems*, T. III. p. 72.

place assiégée se rendit par capitulation le 28 Juin suivant.

En Canada, les Français, commandés par le marquis de Montcalm, enleverent aux Anglais les forts d'Owégo, d'Ontorio et de George.

Pendant que la France balançait sur le parti qu'elle devait prendre à l'égard de l'électorat d'Hanovre, le roi de Prusse fit, le 29 Août 1756, son invasion dans la Saxe. Il publia à ce sujet un mémoire raisonné, *) où il s'efforça de prouver par les depêches des trois cours de Vienne, de Dresde et de Petersbourg, qu'elles s'étaient concertées entre elles pour l'attaquer, et que la prudence exigeait de sa part de les prévenir. **) Il déclara en même tems, que son entrée en Saxe n'avait d'autre but que celui de s'ouvrir une communication avec la Boheme, et qu'il ne garderait ce pays que comme un dépôt, jusqu'à la conclusion de la paix.

Le roi entra dans la Saxe sur trois colonnes, dont l'une prit par Magdebourg, l'autre par Pretsch sur l'Elbe, et la troisieme par la Lusace ; il s'empara de

---

*) Voyez ce mémoire dans le *recueil des déductions, manifestes, déclarations, traités de la cour Prusse*, publié par M. de HERZBERG, T. I. p. I.

**) Mr. de HERZBERG, dans un mémoire lu à l'académie de Berlin en 1787, soutient que ces projets ont réellement existé , mais qu'ils n'étaient qu'éventuels, et supposaient la condition que le roi de Prusse donnât lieu à une guerre; qu'il était très-possible que ces projets n'eussent jamais été exécutés , et problématique s'il eût été plus dangereux de les attendre que de les prévenir, en excitant une guerre qui a presque abimé la Prusse et l'a mise à deux doigts de sa perte.

Wittemberg , de Leipsic et de Dresde, et bloqua
le roi de Pologne dans son camp de Pirna, où il s'était
retiré. Ce blocus arrêta le roi pendant plusieurs semaines , et ménagea le tems à l'impératrice-reine de
rassembler toutes ses forces.

Le maréchal comte de Brown eut ordre de délivrer, à tout prix les troupes saxonnes devant Pirna.
Instruit de sa marche , le roi de Prusse prit en personne le commandement de son armée de Boheme,
et vint attaquer les Autrichiens dans la plaine de Lowositz, petite ville au cercle de Leutmeritz. La bataille, qui s'y donna le 1 Octobre, ne fut point déci-
sive ; mais les Prussiens maintinrent le champ de bataille, et le comte de Brown ne put réussir à dégager
les Saxons. Ces derniers, affaiblis par la famine, après
avoir fait de vains efforts pour sortir de leur camp,
furent obligés de capituler le 17 Octobre , et de se
rendre prisonniers de guerre, au nombre de dix-sept
mille hommes. Les officiers s'engagerent sur leur
honneur à ne plus servir contre le roi de Prusse,
durant cette guerre , et les simples soldats furent incorporés dans les régimens prussiens. On fournit
des passeports et des relais au roi Auguste III, pour
se retirer en Pologne. Le roi de Prusse se vit alors
maître de toute la Saxe.

Campagne de 1757.

Cette invasion souleva en 1757 une puissante
ligue contre ce prince, qui se vit attaqué à-la-fois
par l'impératrice-reine , par le corps germanique,

la France, la Russie et la Suede.   La France déclara qu'elle regardait l'invasion des Prussiens en Saxe comme une violation de la paix de Westphalie, dont elle était garante.   Son influence et celle de la cour de Vienne déciderent aussi la Russie et la Suede, ainsi que la diete de Ratisbonne.   Cette derniere résolut de former une armée d'exécution, dont le commandement fut conféré au prince de Saxe-Hildbourgshausen.   Cependant le roi de Prusse, quoiqu'il ne fût que faiblement secondé par l'Angleterre, fit face à tous ses ennemis, et se signala par de nombreuses victoires, qu'il remporta sur tous.

La France s'était d'abord bornée à faire marcher vers les frontieres d'Allemagne les secours qu'elle s'était obligée de fournir par son alliance avec la cour de Vienne; mais en conséquence des nouveaux engagemens qu'elle contracta en 1757 avec cette cour, *)

---

*) On est surpris de l'étrange égarement, qui porta la cour de France à conjurer la ruine du roi de Prusse.   Par le traité d'union et d'amitié, conclu avec l'impératrice-reine à Versailles le 1 Mai 1757, et confirmatif de celui du 1 Mai 1756, cette cour s'engage 1) à entretenir à la disposition de la reine, pendant tout le cours de la guerre, un corps de quatre mille Bavarois et de six mille Wirtembergeois;   2) à faire agir un corps de cent cinq mille hommes de ses propres troupes, aussi durant cette guerre;   3) à payer à cette princesse un subside annuel de douze millions de florins, argent d'Empire;   4) à ne point poser les armes jusqu'à ce que la reine soit remise en possession du duché de Silésie, du comté de Glatz, et de la principauté de Crossen, et qu'en outre le roi de Prusse n'ait cédé le duché de Magdebourg, la principauté de Halberstadt, le pays de Hall, la Poméranie antérieure, et tout ce qu'il posséde de la succession des anciens ducs de Cleves, ainsi que le quartier de la Haute-Gueldre.   Dans un troisieme

elle envoya cette année, sous les ordres du maréchal d'Estrées, cent mille hommes, pour faire une diversion puissante en Westphalie. Cette armée fut suivie de près de deux autres, l'une sur le Haut-Rhin, commandée par le maréchal de Richelieu, et l'autre sur le Rhin, par le prince de Soubise.

Les Français, dès le mois d'Avril 1757, prirent possession des duchés de Cleves, de Gueldre et de la plus grande partie des états Prussiens en Westphalie, que le roi avait abandonnés; le maréchal d'Estrées battit, le 24 Juillet, près de Hastenbeck, le duc de Cumberland, général des Hanovriens. Le maréchal de Richelieu, successeur de Mr. d'Estrées, réduisit la plus grande partie des états de Brunswic et d'Hanovre, et en poussant devant lui le duc de Cumberland, l'obligea de signer, le 10 Septembre, la capitulation de Closterséven, par laquelle il fut arrêté, sous la garantie du roi de Danemarc, que le général anglais renverrait ses troupes auxiliaires de Hesse, de Brunswic, de Saxe Gotha, que les troupes hanovriennes se retireraient au de-là de l'Elbe, qu'elles n'exerceraient aucune hostilité contre les Français, et que les duchés de Breme et de Verden resteraient au pouvoir de la France, jusqu'à la conclusion de la paix. Cette convention nuisit beaucoup

traité, qui fut signé entre les deux cours à Versailles le 30 Décembre 1758, il n'est point fait mention de celui de 1757, ni de plusieurs des clauses qu'il renferme; on y rappelle cependant, outre les 24,000 hommes promis déja par le traité de 1756, les cent mille hommes, destinés à agir sur le Bas-Rhin, et la garantie de la Silésie et du comté de Glatz, en faveur de l'impératrice-reine.

aux affaires du roi de Prusse, en facilitant aux Français les moyens de tourner leurs forces contre lui.

Ce prince s'était porté dans la Boheme au mois d'Avril 1757. Une division de son armée, commandée par le prince de Bevern, repoussa, le 24 Avril, le comte de Koenigseck au combat de Reichenberg; et le roi en personne, à la tête de ses principales forces, marcha contre le maréchal de Brown, qui s'était posté derriere Prague et la Moldau, en attendant des renforts que lui amenait le maréchal Daun. Le roi voulant prévenir cette jonction, attaqua, le 6 Mai, l'armée autrichienne dans sa position sous Prague, qui était des plus avantageuses. La bataille qui s'y engagea, fut très-meurtriere. Elle dura depuis neuf heures du matin jusqu'à huit heures du soir. La perte fut prodigieuse de part et d'autre; celle des Autrichiens monta à 24,000 hommes, celle des Prussiens à 18,000 tués, blessés ou prisonniers. La victoire demeura aux Prussiens, qui s'emparerent du camp et de la caisse militaire de l'ennemi, et lui enleverent aussi soixante pieces de canon. Le vieux maréchal de Schwerin, un des meilleurs généraux du roi du Prusse, fut tué dans l'action. *)

Après cette victoire, le roi investit Prague, où le prince Charles de Lorraine s'était retiré avec quarante mille hommes sauvés de la bataille. Il en forma le blocus, et essaya de réduire la garnison par la famine;

---

*) Voyez *Histoire de la guerre de sept ans*, dans les oeuvres posthumes du ROI DE PRUSSE. *Histoire de la guerre de sept ans*, par le général LLOYD *en Anglais*, avec des plans. *Tableau des guerres de Frédéric le Grand*, par MULLER, avec plans et figures.

mais le maréchal de Daun s'étant approché, à la tête d'une armée de soixante mille hommes, pour dégager la ville, le roi alla à sa rencontre avec une partie de ses troupes, et l'attaqua auprès de Kolin ou Chozemitz. La bataille qu'il lui livra le 18 du mois de Juin, fut aussi vive que sanglante. Les Autrichiens maintinrent le champ de bataille, et le roi fut forcé de faire sa retraite, après avoir perdu près de onze mille hommes. Ce fut à l'occasion de cette victoire, que l'impératrice-reine fonda l'ordre militaire de Marie-Thérése. Le roi de Prusse leva alors le blocus de Prague, et se retira en Silésie.

Les Russes, qui, sous les ordres du maréchal d'Apraxin, étaient entrés en Prusse avec une armée de cent mille hommes, prirent Mémel, et vainquirent, le 30 Août, à Jägersdorff les Prussiens commandés par le maréchal Lchwald. Apraxin ne tira aucun parti de sa victoire; il se replia vers la Pologne et la Courlande, et fit prendre à ses troupes des quartiers d'hiver.

Les Suédois firent une invasion dans la Poméranie-Prussienne, en conformité du traité de subsides qu'ils venaient de conclure avec la France, *) et s'emparerent de plusieurs places. Le général autrichien Haddick mit Berlin à contribution.

*) Ce traité est du 22 Sept. 1757. La Suede s'y engage à faire agir incessamment dans la Poméranie un corps de vingt mille hommes, moyennant un subside annuel de trois millions cent cinquante mille livres, et la promesse qu'on lui fit, de lui faire rendre la Poméranie sur le pied des traités de Westphalie.

L'armée de l'Empire, réunie à un corps de Français, commandé par le prince de Soubise, entra en Saxe, pour faire une diversion en faveur de l'impératrice-reine. Elle fut battue, le 5 Novembre, près de Rosbach, et mise dans un déroute complete par le roi de Prusse, qui y fit sept mille prisonniers.

Ce prince se tourna alors de nouveau contre les Autrichiens, qui dans l'intervalle avaient envahi la Silésie, où ils avaient pris Schweidnitz, le 12 Novembre, et après avoir battu à Breslau, le 22 du même mois, le prince de Bévern, s'étaient rendus maîtres de cette ville, le 24 suivant. Le roi n'eut pas sitôt joint les ennemis, qui étaient commandés par le prince Charles et le maréchal Daun, qu'il les attaqua le 5 Décembre auprès de Lissa, et y remporta une victoire complete. Elle lui servit à reprendre Breslau le 19, et Liegnitz le 29 du même mois.

Les Hanovriens, encouragés par la victoire des Prussiens à Rosbach, rompirent la convention de Closterséven, que le roi d'Angleterre n'avait point ratifiée.

Cette résolution fut une suite immédiate du changement, qui s'était fait dans le ministere britannique. Le célebre Pitt, depuis lord Chatham, parvenu au timon des affaires, crut devoir revenir contre une convention, qu'il envisageait comme l'opprobre de l'Angleterre. Il demanda le prince Ferdinand de Brunswic au roi de Prusse, et le mit à la tête de l'armée hanovrienne; il renforça cette armée d'un corps d'Anglais, et fit payer au roi de Prusse un subside annuel de quatre millions d'écus.

Campagne de 1758.

La face des affaires changea alors sur le Bas-Rhin ; et les opérations du prince Ferdinand obligèrent, en 1758, le prince de Clermont d'abandonner tous les postes des pays de Hanovre, de Hesse, de Brunswic et d'Ostfrise. Le prince Ferdinand s'empara de Munden, et poursuivit les Français jusqu'à Kayserswerth, dont il se rendit maitre le 31 Mai. Ce fut le 23 Juin suivant que se donna la bataille de Crévelt, que le prince Ferdinand gagna sur le prince de Clermont. Le jeune comte de Gisors, fils unique du maréchal de Belleisle, y fut mortellement blessé, et mourut de ses blessures.

Après cette victoire, les Hanovriens prirent Ruremonde et Dusseldorff ; le prince de Clermont se retira à Nuys, et de là vers Cologne. La cour le rappella, et il fut remplacé par le maréchal de Contades.

Les Pays-Bas autrichiens semblèrent devenir alors le théâtre de la guerre ; mais la diversion que les Français firent dans la Hesse, dérangea les projets du prince Ferdinand. Il se donna un combat fort vif auprès de Zandershausen, le 23 Juillet, entre le duc de Broglie et le prince d'Ysenbourg. Ce dernier y ayant eu le dessous, la Hesse fut soumise, les Français rentrerent dans Munden, et le pays d'Hanovre leur fut de nouveau ouvert.

Le prince Ferdinand abandonna toutes ses conquêtes, repassa le Rhin, et se porta sur Munster. Le prince de Soubise remporta, le 10 Octobre, sur le prince d'Ysenbourg, général des Hessois, un avantage auprès de Lutternbourg, dans le baillage de Munden, qui n'eut aucune suite. Les Français abandonnerent même, à la fin de la campagne, Cassel et toute la Hesse, pour établir leurs quartiers d'hiver du côté de Francfort.

Le roi de Prusse reprit, dès le commencement de la campagne, Schweidnitz, seule place de la Silésie qui restait aux Autrichiens; il en fit la garnison prisonniere de guerre, au nombre de cinq mille hommes. Maitre de cette ville, il résolut de porter la guerre dans la Moravie. Il entreprit le siége d'Olmütz au commencement de Maï, et le continua malgré le maréchal Daun, qui s'était approché à la tête de l'armée autrichienne. Le manque de munitions et la défaite d'un convoi sous les ordres du général Ziethen, *) l'obligerent enfin de le lever le 3 Juillet, pour marcher contre les Russes.

Ces derniers avaient abandonné les états Prussiens par une suite des dispositions du grand-chancelier, comte de Bestuchew, qui s'était laissé gagner par le grand duc et la grande-duchesse, en faveur du roi de Prusse. Les ministres de France et d'Autriche s'en étant apperçus, employerent le crédit du favori de l'impératrice, pour entraîner de nouveau cette princesse dans des mesures violentes contre le roi. Une armée formidable se mit en marche, au mois de Janvier 1758, sous les ordres du général Fermor, et prit possession de Koenigsberg et de toute la Prusse,

d'où

*) Les généraux Janus et Laudon remporterent cet avantage sur Ziethen entre Bautsch et Domstadt, le 30 Juin.

d'où elle s'avança sur les frontieres de la Poméranie et de la Nouvelle-Marche, pour seconder les opérations des ennemis de ce prince.

Fermor entreprit le 15 Août le siége de Custrin, et l'incendia par un bombardement. Le roi marcha en personne au secours de cette place; il attaqua, le 25 Août, à Zorndorff près de Custrin, les Russes, qui avaient une grande supériorité de forces. Cette bataille fut une des plus longues et des plus sanglantes de toute la guerre. Elle dura depuis neuf heures du matin jusqu'à huit heures et demie du soir. Les deux partis s'attribuerent également la victoire. Les Prussiens cependant n'évaluent leur perte qu'à douze cents hommes, tandis qu'ils portent celle des Russes à quinze mille tués et à environ deux mille prisonniers. Cent trois pieces de canon tomberent au pouvoir des Prussiens, qui en laisserent vingt entre les mains de l'ennemi. Fermor se retira à Landsberg, où il rassembla toutes ses troupes, pour entreprendre le siége de Colberg, qu'il leva cependant le 29 Octobre.

Le roi, après avoir repoussé les Russes, accourut en Saxe au secours du prince Henri, son frere, vivement pressé par le maréchal Daun, qui était soutenu par l'armée de l'Empire sous les ordres du prince des Deux-Ponts. La position que prit le roi à Hochkirchen en Lusace, faillit à lui devenir funeste; il y fut surpris, dans la nuit du 13 au 14 Octobre, par le maréchal Daun et le général Laudon. La bataille n'en fut pas moins vive, et le roi revint plusieurs fois à la charge. Le maréchal Keith et le prince François de Brunswic, frere de la reine, y furent tués; et le roi se vit enfin forcé d'abandonner son camp, ses bagages, et cent pieces de canon, aux vainqueurs. Suivant les listes des Prussiens, la perte en hommes fut à peu-près égale de part et d'autre, et monta à environ 6000, tant du côté des Prussiens, que du côté des Autrichiens.

Après cette défaite, le roi établit son camp à une lieue du champ de bataille, et ayant reçu les renforts, que lui amena le prince Henri, son frere, il marcha au secours de la ville de Neisse dans la Silésie, assiégée par les Autrichiens. À son approche, ces derniers se retirerent, et le roi, sans s'arrêter à leur poursuite, reprit le chemin de la Saxe, où l'armée des cercles investissait Leipsic, tandis que le maréchal Daun s'approchait de Dresde. Sa marche, jointe à la saison avancée, força les alliés à vuider la Saxe, pour prendre leurs quartiers d'hiver, soit en Empire, soit en Boheme.

Campagne de 1759.

La position du roi de Prusse devenait de jour en jour plus critique, et la politique, aussi bien que le sort des armes lui furent entiérement contraires dans le cours de la campagne de 1759. Un événement qui lui nuisit beaucoup, fut l'élévation du duc de Choiseul au ministere en France. Ce ministre, connu par son zele pour les intérêts de la maison d'Autriche, mit une grande activité dans la guerre contre le roi de Prusse, et employa aussi le crédit de sa cour, pour engager l'impératrice de Russie à agir avec la même vigueur contre lui. *)

Au commencement d'Avril, le prince Ferdinand s'était mis en marche, à la tête d'une armée de 40,000 hommes, pour surprendre les Français dans leurs quartiers d'hiver aux environs de Francfort. Le duc de Broglie rassembla, en trente six heures de tems, toutes ses troupes, qui montaient à 25,000 hommes, et fit tête au prince Ferdinand avec tant de succès, qu'il fut obligé de faire sa retraite, après avoir perdu 6000 hommes et quelques pieces de canon. Le prince d'Ysenbourg fut tué dans cette action, qu'on appelle communément la bataille de Bergen.**) L'empereur créa le duc de Broglie prince d'Empire, et Louis XV lui donna le bâton de maréchal de France.

Le maréchal de Contades, réuni au duc de Broglie, poussa alors les alliés jusques dans la Hesse. Le duc s'empara de Cassel et de Minden, et y établit son quartier général. Munster se rendit le 25 Juillet à Mr. d'Armentieres. Mais le prince Ferdinand, ayant trompé le maréchal de Contades par une retraite simulée, le tira d'une position des plus avantageuses, et gagna sur lui, le 1 Août, la bataille de Minden, qui fut suivie de l'évacuation de la Hesse, et de la retraite de l'armée française jusqu'à Francfort, où elle prit ses quartiers d'hiver. Munster, Minden, Cassel, retomberent au pouvoir des alliés.

*) Ce fut lui qui ménagea l'accession de l'impératrice de Russie au traité de Versailles du 30 Décembre 1758 entre l'impératrice-reine et la cour de France. Cette accession est du 7 Mars 1760.

**) Elle est du 13 Avril 1758.

Le roi de Prusse réduit, par la supériorité de ses ennemis, à faire la guerre défensive, se borna pendant cette campagne à observer le maréchal Daun. Les Russes s'étant avancés vers les frontieres de la Silésie, il envoya contre eux le général Wedel, qui essuya un grand échec dans la bataille qu'il leur livra à Zullichau dans le duché de Crossen, le 23 Juillet. Les Russes s'emparerent alors de Francfort sur l'Oder, et menacerent Berlin. Le roi, pour arrêter leurs progrès, se mit à la tête de tout ce qu'il put rassembler de troupes, et vint attaquer les Russes, le 12 Août, auprès de Kunnersdorff, pas loin de Francfort sur l'Oder. L'armée combinée des Russes et des Autrichiens, sous les ordres du général Soltikoff, était forte de 96,000 hommes, au lieu que le roi n'en avait que 48,000. La bataille fut très-meurtriere. Le roi, qui voulait arracher la victoire, conduisit plusieurs fois en personne ses troupes à l'ennemi; mais les Russes firent une si vigoureuse résistance, qu'il se vit enfin forcé de faire sa retraite, en laissant 18,000 hommes sur le champ de bataille, et presque toute son artillerie. La perte des Russes et des Autrichiens ne fut pas moins considérable. Le roi eut deux chevaux tués sous lui et ses habits percés. Cette sanglante action n'eut cependant aucune suite remarquable. Les Russes ne profiterent point de leur avantage. Au lieu d'agir avec vigueur, ils laisserent le tems au roi de reprendre de nouvelles forces.

Pendant que le roi était occupé contre les Russes, l'armée de l'Empire, commandée par le prince Frédéric des Deux-Ponts, prit Leipsic, Torgau et

Wittenberg dans le cours du mois d'Août, et s'empara aussi de Dresde le 5 Septembre suivant. Le roi désirant de reprendre cette derniere ville, se mit à la tête de son armée de Saxe, et pour obliger le maréchal Daun, qui évitait la bataille, à faire sa retraite en Boheme, il détacha le général Fink avec dix mille hommes, sur les derrieres du camp du maréchal. Cette manoeuvre devint funeste au général Fink, qui fut si bièn resserré dans son poste à Maxen par le maréchal Daun, qu'il fut obligé de se rendre prisonnier de guerre avec tout son corps, le 21 Novembre. Le roi de Prusse, malgré cet échec, se maintint dans sa position en Saxe, et se vit à la fin de la campagne maitre de tout le pays, à l'exception de Dresde.

Campagne de 1760.

Cette campagne ne fut pas favorable aux Hanovriens, alliés du roi de Prusse. L'armée française, aux ordres du maréchal de Broglie, entra de nouveau dans la Hesse, et y fit des progrès, malgré les efforts du prince Ferdinand pour les arrêter. Le prince héréditaire de Brunswic s'étant approché de Corbach, pour couvrir la marche des Hanovriens, les Français l'y attaquerent le 10 Juillet, lui tuerent beaucoup de monde, et le forcerent de se replier sur Sachsenhausen, où il rejoignit le prince Ferdinand. Les Hanovriens reparerent cet échec par l'avantage qu'il remporterent auprès de Warbourg sur un corps détaché de Français. Ils n'empêchérent pourtant pas le comte de

Lusace de prendre Cassel, et de pénétrer par Minden dans l'électorat d'Hanovre.

Le prince Ferdinand n'ayant pas jugé à propos de risquer une bataille, crut devoir faire aux Français une puissante diversion sur le Bas-Rhin; il y détacha le prince héréditaire, qui se rendit maître de Cleves et de Rhinberg, et entreprit le siége de Wesel; mais le maréchal de Broglie envoya contre ce prince le marquis de Castries, qui le défit, le 16 Octobre, à l'affaire de Rhinberg ou de Clostercamp, et le força de repasser le Rhin, et de lever le siége de Wesel. Le maréchal de Broglie fit fortifier Goettingen, et se maintint dans la Hesse et dans le pays d'Hanovre pendant l'hiver.

Les Autrichiens avaient combiné avec les Russes un plan d'opérations, d'après lequel les généraux Laudon et Soltikoff devaient entreprendre cette campagne la conquête de la Silésie, tandis que le maréchal Daun, avec le prince des Deux-Ponts, après avoir achevé la conquête de la Saxe, pénétreraient dans la marche de Brandebourg.

Le roi de Prusse opposa le prince Henri, son frere, aux Russes; il prit lui-même le commandement de l'armée de Saxe, et tenta le siége de Dresde, qu'il fut obligé de lever à l'approche du maréchal Daun. Laudon entra avec son armée dans le comté de Glatz, et forma le blocus de cette ville. Le général Fouquet, qui observait les Autrichiens dans ces environs avec un corps qui ne surpassait pas les huit mille hommes, prit une position à Landshut, qui lui devint funeste. Laudon l'attaqua, le 23 Juillet, avec des forces supérieures, et après une défense des plus vigoureuses, l'obligea de se rendre prisonnier de guerre avec la plus grande partie de ses troupes. Glatz tomba alors au pouvoir des Autrichiens.

Les Russes étant entrés dans la Silésie, Laudon attaqua Breslau, dont le prince Henri lui fit lever le siége. Le roi, qui craignait la perte de cette province, y accourut de la Saxe, et entraîna le maréchal Daun à sa suite. Il s'avança jusqu'à Liegnitz, où il se vit comme enfermé entre plusieurs armées autrichiennes et Russes. Il résolut alors d'attaquer séparément Laudon, qui ne s'y attendait pas. Cette action qui fut des plus vives, se passa auprès de Pfaffendorf, proche Liegnitz, le 15 Août. Laudon y essuya une entiere défaite, et perdit près de dix mille hommes. Cette victoire ouvrit au roi la communication avec Breslau, et lui facilita la jonction avec le prince Henri, son frere. Il choisit depuis des positions, qui le mirent à l'abri de toute insulte, et qui firent perdre aux ennemis le succès d'une campagne, dont ils avaient conçu les plus hautes espérances. *)

Le maréchal Daun, pour obliger le roi de Prusse de quitter la Silésie, imagina alors de lui faire une diversion jusques dans sa capitale. Un corps considérable d'Autrichiens et de Russes, sous les ordres des généraux Czernichef, Tottleben et Lascy, se porta droit sur Berlin. Le prince de Wirtemberg, qui fesait dans la Poméranie une guerre peu glorieuse aux Suédois, accourut à la défense de cette

*) *Histoire de la guerre de sept ans*, T. IV. p. 124.

capitale ; mais la grande supériorité de l'ennemi lui ayant fait prendre sa retraite, les Russes entrerent, le 9 Octobre, dans la ville, et firent payer à la bourgeoisie une imposition de deux millions pour se racheter du pillage ; ils repasserent ensuite l'Oder, après avoir ravagé une partie de la Marche.

Le roi de Prusse, au lieu de marcher contre les Russes, crut devoir donner toute son attention à la Saxe. L'armée de l'Empire, soutenue par différens corps autrichiens, s'était emparée successivement de Leipsic, Torgau, Wittenberg, et avait enlevé aux Prussiens tous leurs magazins. Le roi, décidé à se maintenir dans la Saxe, repoussa d'abord l'armée de l'Empire, reprit Leipsic et Wittenberg, et voulant également déloger Daun de la position avantageuse qu'il occupait à Torgau, vint l'y attaquer le 3 Novembre. La résistance qu'il y éprouva, fut des plus vigoureuses, et ce ne fut qu'après avoir sacrifié beaucoup de monde qu'il réussit à maintenir le champ de bataille. Torgau se rendit aux Prussiens le lendemain de cette victoire.

Campagne de 1761.

Au commencement de Février, le prince Ferdinand, assisté d'un corps que lui envoya le roi de Prusse, essaya de tomber à la fois sur plusieurs quartiers des Français, dans l'intention de leur faire vuider la Hesse, et de les repousser vers le Mein. Mr. de Broglie, pris au dépourvu, fut obligé de se replier sur Hanau et Francfort. Le prince entreprit alors le siége de Cassel , de Ziegenhayn et de Marbourg ; mais le prince héréditaire de Brunswic s'étant porté trop en avant pour pouvoir être soutenu à tems par le prince, son oncle, les Français fondirent sur lui , le 21 Mars , auprès d'Altzenhayn, pas loin de Grünberg. Broglie, qui les commandait, força le prince de passer la riviere de l'Ohm , fit sur lui plus de deux mille prisonniers, et lui enleva treize pieces de canon. Cette affaire mit les Hanovriens dans la nécessité de renoncer à leur entreprise, et d'évacuer la Hesse.

La campagne s'étant ouverte sur le Bas-Rhin, le prince Ferdinand mit tout en oeuvre pour arrêter les progrès des généraux Français ; mais la réunion de l'armée de Soubise à celle du maréchal de Broglie, ayant assuré la supériorité aux Français, il ne resta d'autre parti à prendre à ce prince que de se tenir sur la défensive, moyennant une position favorable qu'il choisit sur la Lippe. L'aile droite de son armée fut attaquée, le 15 Juillet, auprès du village de Villingshausen, par le maréchal de Broglie , qui y eut d'abord du succès ; mais le combat s'étant renouvellé le lendemain, et le prince de Soubise n'ayant soutenu que faiblement le maréchal , l'ennemi en profita pour charger vigoureusement les Français , et pour les mettre en déroute. Les deux généraux s'étant alors séparés, n'entreprirent plus rien de considérable pendant le reste de la campagne. Broglie rentra dans la Hesse, et le prince de Soubise retourna sur le Bas-Rhin ; de sorte que les deux armées françaises se trouverent à la fin de la campagne à peu-près dans la même position, où ils avaient été lors de son ouverture.

Les Autrichiens s'étaient concertés avec les Russes pour abattre, pendant cette campagne, toute la puissance du roi de Prusse. Le commandement de l'armée de Saxe fut confié au maréchal Daun, et celui de Silésie à Laudon. Ce dernier était puissamment soutenu par une grande armée Russe, commandée par Buturlin, qui s'avança sur Breslau, pendant qu'une autre armée Russe, sous les ordres de Romanzow, entreprit le siége de Colberg, secondée par les flottes Russe et Suédoise.

Le roi de Prusse laissa au prince Henri, son frere, la conduite de son armée de Saxe, et il se chargea lui-même de la défense de la Silésie. Ne voulant pas hazarder le sort d'un combat, à cause de la grande supériorité de l'ennemi, il s'établit dans le fameux camp de Bunzelwitz, dont l'assiette avantageuse le mettait à même de couvrir à la fois et Schweidnitz et Breslau. Enfin Buturlin, pressé par le manque de subsistances, prit le parti de repasser l'Oder pour regagner la Pologne, ne laissant que vingt mille hommes, sous les ordres de Czernichef, auprès de l'armée autrichienne. Le roi quitta alors le camp de Bunzelwitz, pour se rapprocher de ses magazins de Neisse. Ce mouvement facilita à Laudon les moyens de s'emparer par surprise de la ville de Schweidnitz dans la nuit du 30 Septembre au 1 Octobre. Il y fit prisonnier le commandant avec toute la garnison, qui montait à 3000 hommes. Colberg, après un long siége, fut forcé par la famine de se rendre aux Russes. Le prince Henri, quoiqu'il fût resserré de tous les côtés par les ennemis, trouva cependant moyen de se maintenir dans la Saxe.

Les efforts extraordinaires que fesait la France dans cette guerre sur le continent de l'Europe, ralentirent ses opérations maritimes, et faciliterent aux Anglais la conquête de presque tous les établissemens français dans les autres parties du monde. En 1757 ils s'emparerent de Chandernagor, poste important vers l'embouchure du Gange, dont la compagnie française des Indes était en possession. Depuis cette prise les Anglais ne cesserent de ruiner le commerce de la compagnie française dans l'Inde. Ils enleverent presque tous ses vaisseaux, et mirent enfin le siége devant Pondichéry, dont ils se rendirent maitres le 15 Janvier 1761. Mahé, sur la côte de Malabar, tomba aussi en leur pouvoir, le 10 Février suivant; et les Français se virent entiérement expulsés de l'Inde.

Ils ne furent pas plus heureux en Afrique, où ils tenaient le fleuve du Senégal et y exerçaient un grand commerce en dents d'éléphans, poudre d'or, gomme arabique, et surtout en négres. Les Anglais leur enleverent en 1758, le Fort-Louis, l'île de Gorée, et généralement tous les établissemens qu'ils avaient formés sur les bords du Sénégal, et sur les côtes de l'Afrique. Mais rien n'égale les pertes qu'ils essuyerent en Amérique. Les Anglais les y dépouillerent, en 1756, de Louisbourg, des iles du Cap-Breton et de St. Jean. Ils leur enleverent la même année leurs forts et établissemens sur l'Ohio. En 1759, le

13 Septembre, les Anglais gagnerent une bataille sanglante sur les Français auprès de la riviere de St. Charles, proche Québec. Les deux généraux en chef des deux armées, le brave Wolf et le marquis de Montcalm, y furent tués. Les Anglais prirent ensuite Québec le 18 Septembre, et acheverent en 1760 la conquête de tout le Canada.

En attaquant les Français sur le continent de l'Amérique, les Anglais envahissaient en même tems leurs îles. La Guadaloupe, fameuse par ses plantations de sucre, fut conquise en 1759, de même que Marie-Galante, en 1761. Ils se saisirent de la Dominique, et en 1762 de la Martinique, la plus importante et la plus riche colonie des Français. Les iles de Grenade, de St. Vincent, de Ste. Lucie et de Tabago furent aussi enlevées. Les Français mettaient à peine une nouvelle flotte en mer, qu'elle etait ou prise, ou détruite par les Anglais.

PACTE DE FAMILLE.

Ce fut dans cette facheuse position, et à la vue de la grande supériorité des Anglais par mer, que le duc de Choiseul, qui se trouvait alors à la tête du ministere, forma le plan du fameux pacte de famille. Il le négocia avec la cour de Madrid, et le fit agréer et signer à Paris le 15 Août 1761.*) L'objet de ce pacte était de cimenter une alliance et union perpé-

*) *Le pacte de famille et les conventions subséquentes entre la France et l'Espagne*, par DUPONT DE NEMOURS. DOHM, *Materialien*, T. IV. p. 449. MARTENS, *recueil des principaux traités*, T. I. p. 1.

tuelles entre les différentes branches de la maison de Bourbon, propre à contrebalancer l’Angleterre.

Ce traité qu’on tenait secret, ayant donné de l’ombrage à la cour de Londres, elle en demanda la communication à la cour de Madrid dans des termes peu mesurés, qui révoltèrent la fierté espagnole, et qui entraînèrent une rupture entre les deux cours. Les ambassadeurs furent rappellés, et la guerre fut déclarée au commencement de l’année 1762. La déclaration de guerre de l’Angleterre contre l’Espagne est datée du 2 Janvier, et celle de l’Espagne du 16.

Comme on jugeait conforme aux intérêts des deux puissances d’entamer l’Angleterre par le Portugal, dont elle retirait les plus grands avantages, on exigea du roi de Portugal, qu’il se déclarât pour les deux cours alliées. Par là on le mit dans la nécessité de renoncer à la neutralité qu’il désirait de garder, et d’embrasser le parti de l’Angleterre. La guerre devenue ainsi plus générale semblait devoir prendre une nouvelle vigueur, lorsqu’un événement inattendu changea la face des affaires, et ramena les esprits à la paix.

PAIX DE PÉTERSBOURG ET DE HAMBOURG.

L’impératrice de Russie, Élisabeth, vint à mourir le 5 Janvier 1762. Pierre III, son successeur, entraîné par son penchant pour le roi de Prusse, se hâta de faire la paix avec ce monarque. Il ordonna aussitôt d’arrêter une suspension d’armes entre les armées russe et prussienne. Elle fut signée à Stargard en Poméranie entre les ministres des deux cours, le 16 Mars 1762. La paix fut négociée et signée à Pétersbourg le 5 Mai suivant. Les articles n'en ont jamais été publiés; mais, ce que l'événement a prouvé, la Russie s'y est engagée à rendre généreusement toutes les conquêtes qu'elle avait faites en Prusse et en Poméranie.

Pierre III ne se borna pas à donner cette seule marque d'affection au roi de Prusse. Il conclut aussi une alliance avec lui, en vertu de laquelle il ordonna au corps du général Czernichef, qui s'était déja retiré en Pologne, de marcher au secours de ce prince dans la Silésie. Ce corps, composé de 15,000 hommes, arriva à Lissa le 30 Juin; mais il ne fut pas d'une grande ressource aux Prussiens. La révolution arrivée à St. Pétersbourg le 9 Juillet suivant, changea de nouveau la situation des affaires.

L'impératrice Cathérine II, en montant sur le trône, renouvella la paix avec le roi de Prusse; mais elle déclara en même tems, qu'elle observerait la neutralité entre lui et l'impératrice - reine, et rappella le corps du général Czernichef, qui se sépara de l'armée prussienne, le 22 Juillet.

La Suede, qui n'avait essuyé que des pertes dans sa guerre contre le roi de Prusse, suivit aussitôt la route, qui lui avait été tracée par la Russie. Elle arrêta le 10 Avril une suspension d'armes avec le roi, et la paix fut signée à Hambourg le 12 Mai suivant. Ce traité renouvella la paix de Stockholm de 1720, et rétablit entiérement les choses dans l'état où elles avaient été avant la guerre. *)

Cette double paix permit au roi de Prusse de concentrer ses forces en Saxe et en Silésie, et il n'eut plus à combattre que les Autrichiens et leurs alliés, les Français, les Saxons et les troupes de l'Empire.

Campagne de 1762.

Les Français, commandés par les maréchaux d'Estrées et de Soubise, furent attaqués le 24 Juin par le prince Ferdinand à Grebenstein ou Wilhelmsthal dans la Hesse, où ils reçurent un échec considérable. Tout le corps de M. de Stainville y fut enveloppé et défait. Le prince de Soubise répara cet échec, par l'avantage qu'il remporta le 30 Août suivant sur le prince héréditaire de Brunswic à Johannesberg près de Friedberg, au nord de Francfort. L'armée hanovrienne se maintint cependant dans la Hesse, et le prince Ferdinand prit Cassel par capitulation, le 7 Novembre.

En Silésie, toute l'attention du roi de Prusse se porta sur la ville de Schweidnitz. Désirant d'en former le siége, il délogea le maréchal Daun de plusieurs de ses postes, et lui coupa la communication avec cette ville. Le siége ayant alors commencé, le maréchal fit de nouveaux efforts pour secourir la place assiégée; il échoua dans son entreprise, et le général Lascy fut également repoussé par le prince

*) Ce traité se trouve dans le *Recueil* de M. DE HERZBERG, T. I. p. 288.

de Bevern, au combat qu'il lui livra à Reichenbach, le 16 Août. Schweidnitz capitula le 9 Octobre, et neuf mille Autrichiens se rendirent prisonniers de guerre.

En Saxe, le prince Henri fit une campagne glorieuse contre le général Serbelloni, qui commandait l'armée autrichienne. Il l'empêcha de faire sa jonction avec l'armée de l'Empire, aux ordres du prince de Stolberg. Ayant attaqué depuis séparément cette derniere armée, il la défit complétement auprès de Freyberg, le 29 Octobre.

La guerre ayant éclaté la même année entre l'Angleterre et l'Espagne, le Portugal, qui y fut impliqué, demanda des secours à l'Angleterre. Le ministere britannique y envoya 8000 hommes avec plusieurs officiers expérimentés, et le commandement en chef de l'armée portugaise fut confié au comte de la Lippe-Bückebourg. Les Espagnols, renforcés d'un corps de troupes françaises aux ordres du prince de Beauveau, entrerent en Portugal, prirent Almeyda le 25 Août, et s'emparerent de plusieurs autres places. Les Portugais de leur côté se rendirent maîtres de Valencia, d'Alcantara etc.

Sur mer, les Anglais enleverent aux Espagnols Manille et les Philippines en Asie; ils les dépouillerent de même de la Havane, capitale de l'île de Cuba en Amérique.

Tel était l'état des puissances belligérantes, lorsqu'on s'occupa enfin sérieusement des moyens de terminer une guerre aussi longue que ruineuse.

NÉGO-

NÉGOCIATIONS.

Les rois d'Angleterre et de Prusse avaient déja manifesté en 1760 leur penchant pour la paix, par une déclaration, que le prince Louis de Brunswic, tuteur du Stathouder, remit aux ministres des puissances belligérantes à la Haye. Le roi d'Espagne se porta pour médiateur, et les États-généraux offrirent la ville de Bréda pour y tenir un congrès. Le roi Stanislas, par des lettres qu'il écrivit aux rois d'Angleterre et de Prusse, proposa la ville de Nancy et ses bons offices pour le rétablissement de la paix. La France, qui ne cessait d'éprouver des pertes dans cette guerre, sans pouvoir y espérer aucun avantage, témoigna un désir sincere de se prêter à ces ouvertures et au congrès proposé ; mais l'impératrice-reine, qui croyait devoir profiter des efforts puissans, que fesait la Russie en sa faveur, pour reprendre la Silésie sur le roi de Prusse, n'ayant pas marqué le même empressement, ces premieres ouvertures devinrent infructueuses. Le roi de Prusse ne fut pas plus heureux dans les démarches qu'il fit auprès des cours de Versailles et de St. Pétersbourg, pour en venir à quelque arrangement particulier avec l'une ou avec l'autre. *)

On reprit cependant la voie de la négociation, dès le commencement de l'année suivante. La France et ses alliés remirent le 28 Mars une déclaration à la cour de Londres, ainsi qu'au roi de Prusse, et leur proposerent un congrès à Augsbourg pour la

---

*) *Histoire de la guerre de sept ans*, T. IV. CH. II. TARGE, *Histoire d'Angleterre*, T. IV. p. 237.

pacification générale. Mais ayant réfléchi depuis sur la lenteur inséparable de ces sortes de négociations, la cour de France crut devoir choisir une voie plus simple. La guerre entre elle et l'Angleterre étant absolument différente de celle qui s'était élevée entre les autres puissances de l'Europe, elle résolut, du gré même de ses alliés, de négocier sa paix séparément avec la Grande-Bretagne. Dans cette vue le roi envoya au mois de Mars un mémoire à la cour de Londres, qui fut accompagné d'une lettre du duc de Choiseul à M. Pitt. Cette cour accepta Augsbourg pour le lieu du congrès général, avec l'offre d'une négociation particuliere.

Toutes les puissances nommerent des ambassadeurs, qui devaient se rendre à Augsbourg dans les premiers jours de Juillet. Le roi nomma en même tems M. de Bussy, pour se rendre à la cour de Londres, et le roi d'Angleterre M. Stanley, pour aller en France. La négociation ainsi commencée entre les deux cours, il n'y eut sorte de facilités que la France n'apportât pour accélérer l'ouvrage de la paix. On était d'accord sur tous les principaux différens, qui partageaient les deux nations; mais comme ni la France ni l'Angleterre ne pouvaient point se résoudre à abandonner leurs alliés, et que ces alliés n'étaient pas encore disposés à la paix, cette seconde négociation eut encore le sort de la premiere. Elle échoua au bout de six mois, et les deux ministres furent rappellés le 21 Septembre 1761. *)

*) *Actes et mémoires authentiques des négociations faites pour la paix en 1761.*

Le roi de Prusse désirait bien sincérement la paix; mais il n'y consentait qu'autant que les choses seraient rétablies dans l'état des traités de Berlin et de Dresde, au lieu que la cour de Vienne, la Russie et le roi de Pologne, secondés des forces de la Suede et de l'Empire, se flattaient de pouvoir prétendre à des avantages plus réels, eu égard à la supériorité de leur ligue et au succès de leurs armes.

Cet obstacle fut levé par la défection de la Russie et de la Suede de la grande alliance. La cour de Vienne, perdant dèslors l'espérance de recouvrer la Silésie, montra des dispositions plus favorables à la paix. L'Angleterre pouvait abandonner le roi de Prusse à ses propres forces, sans se déshonorer, et rien n'empêchait plus la paix particuliere entre elle et la France. Le comte de Butte, qui avait succédé à M. Pitt dans le ministere anglais, désirant avec ardeur la paix, et la France en ayant aussi un très-grand besoin, les négociations se renouerent en 1762 entre les deux cours. On convint de s'envoyer réciproquement de nouveaux ministres. M. le duc de Nivernais partit le 4 Septembre de Paris, pour se rendre à Londres, et M. le duc de Bedford passa en France.

Toutes les contestations, qui subsistaient entre la France, l'Angleterre, l'Espagne et le Portugal, furent terminées par les préliminaires signés à Fontainebleau, le 3 Novembre 1762 *) entre les ministres des trois cours, savoir le duc de Choiseul pour la

*) On trouve ces préliminaires dans MARTENS, *Recueil des principaux traités*, T. I. p. 17.

France, le marquis Grimaldi pour l'Espagne, et le duc de Bedford pour l'Angleterre. On différa cependant la signature du traité de paix définitif, jusqu'à ce qu'on serait parvenu à régler également les différens, qui partageaient le roi de Prusse, l'impératrice-reine et le roi de Pologne, électeur de Saxe.

Le roi de Prusse, pour accélérer la conclusion d'une paix, qui le concernait essentiellement, crut devoir forcer les princes d'Empire à embrasser la neutralité. Dans cette vue il envoya un corps de troupes en Empire, sous les ordres du général Kleist, qui prit Bamberg, menaça Nuremberg, et poussa ses courses jusqu'aux portes de Ratisbonne. Les électeurs de Baviere et de Mayence, les évêques de Bamberg et de Wirzbourg demanderent alors la paix, et prirent l'engagement de retirer leurs contingens de l'armée des cercles. La France ayant promis, par l'article 13 du traité des préliminaires, de ne plus fournir de secours à l'impératrice-reine, il ne restait d'autre parti à prendre à cette princesse, que de donner les mains à la paix. Il n'y avait d'ailleurs aucune apparence, que les Autrichiens, qui, pendant que toute l'Europe combattait pour eux, n'avaient rien pu gagner sur le roi de Prusse, y réussiraient mieux, lorsqu'ils se trouveraient isolés et privés de tout secours.

Ce fut le baron de Fritsch, conseiller du roi de Pologne, qui fit les premieres ouvertures de paix au roi de Prusse, comme venant de la part du prince électoral de Saxe. On convint d'abord des principes, qui devaient servir de base à la négociation ; après quoi on consentit à la tenue d'un congrès, qui fut indiqué à Hubertsbourg en Saxe. L'impératrice-reine y envoya, comme ministre plénipotentiaire, le Sr. de Collenbach; le roi de Prusse, M. de Herzberg, son conseiller de cabinet; et le roi de Pologne, électeur de Saxe, le baron de Fritsch. Les conférences commencerent le 31 Décembre, et durerent jusqu'au 15 du mois de Février suivant.

Les Français ne s'étant pas pressés d'évacuer les places, qu'ils occupaient dans les pays de Cleves et dans la Gueldre-prussienne, ainsi qu'il était préscrit par l'article 13 du traité des préliminaires, le roi de Prusse prit le parti d'envoyer un corps de troupes considérable sur les frontieres du duché de Cleves. La France, craignant alors de voir la guerre se ralumer sur le Bas-Rhin, et d'y être enveloppée encore une fois fit proposer au roi de Prusse un traité de neutralité pour les Pays-Bas autrichiens, moyennant lequel elle lui remettrait aussitôt les places et provinces de ses états, dont elle se trouvait en possession. Cette offre, qui fut acceptée, accéléra les négociations de Hubertsbourg.

Les seuls articles, qui occasionnerent quelques débats à ce congrès, étaient relatifs à la restitution du comté de Glatz, que l'impératrice-reine déclinait, et à la succession des margraviats de Bayreuth et d'Anspach, qu'elle prétendait régler de maniere que, le cas échéant, la réunion de ces principautés à la branche ainée de la maison de Brandebourg ne pût avoir lieu. Le roi de Prusse s'étant roidi contre ces prétentions, la cour de Vienne fut obligée de céder.

La paix définitive entre la France, l'Espagne, l'Angleterre et le Portugal fut signée à Paris le 10 Février, et celle entre l'impératrice-reine, le roi de Prusse, et le roi de Pologne, électeur de Saxe, à Hubertsbourg, le 15 Février 1763.

SOMMAIRE DU TRAITÉ DE PARIS

ENTRE LA FRANCE, L'ESPAGNE, L'ANGLETERRE ET LE PORTUGAL,

*signé le 10 Février 1763. *)*

Les traités de Westphalie, ceux de Nimegue, de Ryswic, d'Utrecht, de Bade, de la Triple- et de la Quadruple-Alliance, de Vienne en 1738, d'Aix-la-Chapelle en 1748, et autres traités, qui précèdent, sont renouvellés. Ils seront religieusement observés dans tous les points, auxquels il n'est pas dérogé par le présent traité. Art. 2.

La France céde et garantit au roi de la Grande-Bretagne, dans la forme la plus ample, l'Acadie ou la Nouvelle-Écosse, en toutes ses parties, le Canada avec ses dépendances, ainsi que l'ile du Cap-Breton, et toutes les autres îles et côtes dans le golfe et fleuve de St. Laurent. Le roi de la Grande-Bretagne accorde aux habitans du Canada la liberté de la religion catholique, en tant que le permettent

---

*) Ce traité a été publié et imprimé séparément à Paris à l'imprimerie royale en 1763. On le trouve dans le *Recueil* de MARTENS, T. I. p. 33.

les loix de l'Angleterre. Les habitans français du Canada pourront vendre leurs biens, pourvu que ce soit à des sujets britanniques, et transporter librement leurs personnes, ainsi que leurs effets, pendant l'espace de dix-huit mois, à compter du jour de l'échange des ratifications. Art. 4.

Les sujets de la France auront la liberté de la pêche et de la sécherie sur une partie des côtes de l'île de Terreneuve, telle qu'elle est spécifiée par l'article 13 du traité d'Utrecht, qui est renouvellé en ce qui regarde l'île de Terreneuve. Ils auront pareillement la liberté de pêcher dans le golfe St. Laurent à trois lieues de distance des côtes britanniques et à quinze lieues du Cap-Breton. Art. 5.

Le roi de la Grande-Bretagne céde au roi de France les îles de St. Pierre et de Miquelon, situées sur les côtes de l'île de Terreneuve, pour servir d'abri aux pêcheurs français. Les Français s'engagent à ne point fortifier ces îles, et à n'y entretenir qu'une garde de cinquante hommes pour la police. Art. 6.

Les confins entre les deux nations en Amérique sont fixés par une ligne tirée au milieu du fleuve Mississipi, depuis sa naissance jusqu'à son embouchure, à l'exception seulement de la ville et de l'île de la Nouvelle-Orléans, qui demeurera à la France. *)

---

*) La Nouvelle-Orléans, avec la Louisiane située à l'Ouest du fleuve Mississipi, fut cédée aux Espagnols par une convention secrete entre les cours de Versailles et de Madrid, signée le 3 Novembre 1762. Cette cession avait pour motif de dédommager l'Espagne de la Floride, qu'elle abandonnait à l'Angleterre par

La navigation du fleuve Mississipi sera également libre aux sujets des deux nations dans toute sa largeur et dans toute son étendue, depuis sa source jusqu'à la mer. Art. 7.

Le roi de la Grande-Bretagne rend au roi de France les îles de Belleile, la Martinique, la Guadaloupe, Marie-Galante, la Désirade, dans l'état où elles étaient lorsque la conquête en a été faite par les armées britanniques. Les Anglais auront l'espace de dix-huit mois pour transporter leurs personnes et leurs effets, vendre leurs biens et leurs terres, recouvrer leurs dettes. Art. 8.

Le roi de France cède au roi de la Grande-Bretagne l'île de Grenade et les Grenadines. Quant aux îles neutres, celles de St. Vincent, la Dominique et Tabago resteront à la Grande-Bretagne, et celle de Ste. Lucie sera remise à la France. Art. 9.

L'île de Gorée est rendue à la France, qui cède et garantit à la Grande-Bretagne la rivière de Sénégal et les forts et comptoirs de St. Louis, Podor et Galam, avec tous les droits et dépendances de la dite rivière. Art. 10.

Dans les Indes orientales, la Grande-Bretagne restitue à la France tous les forts et comptoirs, que cette dernière couronne possédait en 1749 sur les

le traité des préliminaires de Paris signé le même jour. Les habitans français de la Louisiane n'eurent connaissance de cette cession, que le 21 Avril 1764. Ils addresserent, à ce sujet, à la cour de France les plus vives réclamations, qui n'empêcherent pas les Espignols de prendre possession de cette colonie le 18 Aout 1769.

côtes de Coromandel, d'Orixa, de Malabar, et de Bengale, dans l'état où ils sont aujourd'hui. La France rend à l'Angleterre Nattal et Tabanooly dans l'île de Sumatra, s'engage à ne point entretenir de troupes dans le Bengale, et renonce à toutes les acquisitions faites depuis 1749 sur les côtes de Coromandel et d'Orixa. Art. 11.

L'île de Minorque et le fort St. Philippe seront rendus à la Grande-Bretagne, dans l'état où ils se trouvaient lors de la conquête. Art. 12.

La ville et le port de Dunkerque seront mis dans l'état fixé par le traité d'Aix-la-Chapelle et autres traités précédens. Art. 13.

La France restitue tous les pays appartenant à l'électeur d'Hanovre, au landgrave de Hesse et au comte de la Lippe-Bückebourg, dans l'état où ils se trouvaient lors de la conquête. Art. 14.

Le roi d'Angleterre fera démolir toutes les fortifications, que ses sujets peuvent avoir élevées dans la baye de Honduras et autres lieux du territoire de l'Espagne en Amérique; mais le roi d'Espagne ne permettra point, que les sujets britanniques soient molestés dans les dits lieux, lorsqu'ils seront occupés à couper et charger le bois de teinture ou de Campêche, et pour cet effet ils pourront bâtir des magasins et des maisons pour eux et leurs familles. Art. 17.

Le roi d'Espagne renonce pour ses sujets Guipuscoans et autres, au droit de pêcher aux environs de l'île de Terreneuve. Art. 18.

Le roi de la Grande-Bretagne restitue à l'Espagne l'île de Cuba avec la place de la Havane, dans l'état où elle était lors de la conquête, sauf aux sujets britanniques la faculté de transporter librement, l'espace de dix-huit mois, leurs personnes et leurs effets, vendre leurs terres, recouvrer leurs dettes. Art. 19.

Les Espagnols cèdent aux Anglais la Floride, le fort St. Augustin et la baye de Pensacola, ainsi que tout ce que l'Espagne possède sur le continent de l'Amérique septentrionale à l'Est et au Sud-Est du fleuve Mississipi. Les habitans auront la faculté de transporter librement leurs personnes et leurs effets pendant l'espace de dix-huit mois, à compter du jour de l'échange des ratifications. Ils jouiront du libre exercice de la religion catholique, en tant que le permettent les loix de l'Angleterre. Art. 20.

Les Français et les Espagnols évacueront tous les pays du roi de Portugal en Europe, et à l'égard des colonies portugaises, les choses seront remises sur le même pied qu'elles étaient avant la guerre. Art. 21.

Tous les pays et territoires, qui pourraient avoir été conquis, dans quelque partie du monde que ce soit, par les armes des rois de France, d'Espagne, d'Angleterre et de Portugal, et qui ne sont compris dans le présent traité, ni à titre de cessions ni à titre de restitutions, seront rendus sans difficulté et sans exiger de compensations. Art. 23.

Le roi d'Angleterre, en sa qualité d'électeur d'Hanovre, et tous ses états et possessions en Allemagne sont compris et garantis par le présent traité. Art. 25.

Par un article séparé, il est convenu, que la langue française employée dans tous les exemplaires du présent traité, ne formera point un exemple, qui puisse porter préjudice à aucune des puissances contractantes.

SOMMAIRE DU TRAITÉ DE PAIX

DE HUBERTSBOURG

ENTRE L'IMPÉRATRICE-REINE ET LE ROI DE PRUSSE,

*signé le 15 Février 1763. *)*

L'impératrice-reine renonce, pour elle et pour ses héritiers et successeurs, à toutes les prétentions, qu'elle pourrait avoir contre les états et pays du roi de Prusse, et spécialement sur ceux, qui lui ont été cédés par les traités de Breslau et de Berlin. Elle n'exigera aucune indemnité pour les pertes et dommages, qui lui ont été causés pendant la guerre. La même stipulation a lieu en faveur de la reine. Art. 3.

L'impératrice-reine fera restituer au roi de Prusse la ville et le comté de Glatz, ainsi que les forteresses de Wesel et de Gueldre, et les parties contractantes retireront leurs troupes des états, qui ne sont pas de leur domination, dans l'espace de 21 jours, après l'échange des ratifications. Art. 5.

Les habitans du comté de Glatz auront l'émigration libre pendant l'espace de deux ans, sans payer aucun droit. Art. 10.

---

*) Voyez ce traité dans le *Recueil* de M. DE HERZBERG, T. I. p. 292, et dans le *Recueil* de MARTENS, T. I. p. 61.

Le roi de Prusse confirmera les collations aux bénéfices faites durant la derniere guerre au nom de la reine de Hongrie et de Boheme, dans les pays de Cleves et de Gueldre. Art. 11.

Les traités de Breslau et de Berlin en 1742, le recez des limites de la même année, et le traité de paix de Dresde en 1745, sont confirmés et renouvellés pour autant qu'il n'y est pas dérogé par le présent traité. Art. 12.

La religion catholique sera maintenue en Silésie dans l'état, où elle était lors des traités de Breslau et de Berlin, sauf les droits du souverain et la liberté de la religion protestante. Art. 14.

L'impératrice-reine et le roi de Prusse se garantissent mutuellement leurs états, savoir l'impératrice-reine tous les états du roi de Prusse sans exception, et le roi de Prusse tous les états de l'impératrice-reine situés en Allemagne. Art. 16.

La convention de 1741 entre le roi de Prusse et l'électeur palatin au sujet de la succession de Juliers, est confirmée. Art. 18.

L'Empire est nommément compris dans la paix. Celle de Westphalie et toutes les autres constitutions de l'Empire sont confirmées. Art. 19.

SOMMAIRE DU TRAITÉ DE HUBERTSBOURG

ENTRE LE ROI DE PRUSSE ET LE ROI DE POLOGNE, ÉLECTEUR DE SAXE,

signé le 15 *Février* 1763. *)

Le roi de Pologne, électeur de Saxe, et le roi de Prusse ne pourront se demander aucun dédommagement, pour les pertes qu'ils ont pu faire pendant la guerre. Art. 1.

Le roi de Prusse promet de faire toutes les dispositions nécessaires pour évacuer promptement la Saxe, et dès le 11 Février ses troupes commenceront à se nourrir de leurs propres magasins. Art. 3.

Ce prince rendra sans rançon tous les officiers généraux saxons, encore prisonniers de guerre. Les villes de Leipsic, Wittenberg et Torgau seront restituées, dans l'état où elles se trouvent actuellement. Le roi de Prusse fera aussi relâcher les ôtages donnés à l'occasion de la présente guerre, et rendre les papiers appartenant aux archives du pays. Art. 4.

Le traité de Dresde en 1745 est renouvellé et confirmé. Art. 5.

Le roi de Prusse accorde au roi de Pologne, électeur de Saxe, le passage libre en tout tems par la Silésie en Pologne. Art. 9.

On voit par le précis des deux traités de Hubertsbourg, qu'ils n'ont fait aucune innovation relativement

*) HERZBERG, *recueil,* T. I. p. 301. MARTENS, T. I. p. 71.

aux possessions des puissances belligérantes. Après
sept campagnes aussi meurtrieres que dispendieuses,
cette paix a rétabli les choses dans le même état où
elles se trouvaient avant la guerre.   La cour de
Vienne s'est vue trompée dans son projet de recouvrer la Silésie, et si même elle y avait réussi, c'eût
été pour elle un faible dédommagement, en considération des sommes immenses, qu'elle y a prodiguées,
et des flots de sang qu'elle y a fait couler.   Le roi
de Prusse sortit de cette guerre sans perdre un seul
village ; ses forces étaient à la vérité fort épuisées,
mais outre qu'il s'est acquis la réputation d'un héros,
il a encore eu le talent de trouver des ressources
qu'on n'aurait pas même supposées à la monarchie
prussienne.

HISTOIRE
DU TRAITÉ DE PAIX
DE TESCHEN,

ENTRE L'IMPÉRATRICE - REINE ET LE ROI
DE PRUSSE,

du 13 *May* 1779.

DIFFÉRENS SUR LA SUCCESSION DE BAVIERE.

La branche cadette de la maison de Wittelsbach ou de Baviere, étant venue à s'éteindre avec le dernier électeur, Maximilien - Joseph, décédé le 30 Décembre 1777, les différens, qui s'éleverent sur sa succession, occasionnerent de nouveaux troubles en Europe, et une guerre, qui se termina par la paix de Teschen, en 1779.

Avant cette époque, toute l'Europe était dans la persuasion, que la succession de la Baviere ne fournirait matiere à aucune difficulté, eu égard aux droits incontestables, que la maison palatine, branche ainée de la maison de Wittelsbach, semblait avoir à la totalité de la succession. Ces droits étaient fondés :

1°. Sur le droit féodal commun, qui appellait l'électeur palatin à la succession, en qualité de plus proche agnat et d'héritier féodal du dernier électeur de Baviere, et étant compris comme tel dans la premiere investiture, leurs ancêtres communs ayant possédé conjointement les deux états avant le traité de partage de 1329, qui établit proprement les deux branches palatine et de Baviere.

2°. Sur la bulle d'or, qui, ayant introduit dans les maisons électorales l'ordre de la succession linéale et la loi de l'indivisibilité, assurait à la ligne palatine la totalité de la succession, au défaut de la ligne de Baviere.

3°. Sur le pacte de confraternité et de succession mutuelle, arrèté entre les deux branches principales de la maison de Wittelsbach, lors du traité de partage de 1329, renouvellé à plusieurs reprises par les pactes de 1524, 1724, 1766, 1771, 1774, et confirmés par les capitulations des empereurs. Par le pacte de 1774, l'électeur palatin avait même été admis par le dernier électeur de Baviere à la possession de tous les pays compris dans les pactes de succession antérieurs.

4°. Sur la paix de Westphalie*, dont l'article IV §. 9 et 10 assure non seulement à la maison palatine la réversion de l'ancienne dignité électorale et du Haut-Palatinat, mais lui confirme généralement tous ses droits, et par conséquent aussi celui de la succession de la Baviere.

Quelque légitimes et quelque incontestables que semblaient être ces droits, on n'en vit pas moins

paraître

paraître plusieurs prétendans, qui réclamaient des parties considérables de cette succession, après la mort du dernier électeur. Les principaux étaient l'empereur Joseph II, l'impératrice-reine Marie-Thérése, l'électrice douairiere de Saxe, et le duc de Mecklenbourg-Schwerin.

L'empereur, comme empereur, réclamait les fiefs de l'Empire, dont la branche de Baviere avait été séparément investie par les anciens empereurs, sans que les électeurs palatins eussent été compris dans ces investitures. Du nombre de ces fiefs étaient le land-graviat de Leuchtenberg, le comté de Wolfstein, le comté de Haag, le comté de Hals, le comté de Schwabeck et plusieurs seigneuries.

L'impératrice-reine, en sa qualité de reine de Boheme, prétendait réunir à cette couronne les fiefs du Haut-Palatinat, relevant du royaume de Boheme, et devenus vacans, suivant elle, par l'extinction des mâles de la ligne de Baviere. Cette même princesse, comme archiduchesse d'Autriche, formait prétention à tous les pays et districts de la Basse et Haute-Baviere et du Haut-Palatinat, qui jadis avaient été possédés par la ligne de Baviere-Straubingen, qui s'éteignit déja dans le quinzieme siecle avec le duc Jean, décédé le 6 Janvier 1425. Elle fondait cette prétention sur une prétendue investiture, que l'empereur Sigismond accorda le 10 Mars 1426 au duc Albert d'Autriche, son gendre. Enfin elle réclamait aussi la seigneurie de Mindelheim, située dans le cercle de Suabe, en vertu de l'expectative donnée en 1614 par l'empereur Matthias à la maison d'Autriche, et confirmée par les empereurs suivans.

L'électrice douairiere de Saxe, en sa qualité de soeur du dernier électeur de Baviere, réclamait toute la succession allodiale. Elle y comprenait:

1°. Nombre de terres et seigneuries, comme étant purement allodiales.

2°. Les améliorations dans les fiefs.

3°. La succession mobiliaire.

4°. Les dettes actives, et nommément celle de 13 millions de florins inhérente au Haut-Palatinat. Pour se mettre au fait de cette derniere dette, il faut se rappeler, que les frais employés par le duc Maximilien de Baviere, pour reconquérir la Haute-Autriche et le royaume de Boheme en faveur de l'empereur Ferdinand II, ont été évalués, dans le tems, à la somme de 13 millions de florins; que pour cette dette, l'empereur hypothéqua d'abord la Haute-Autriche au duc de Baviere; mais que par une convention passée le 22 Février 1628, il retira cette province de ses mains, et lui vendit pour la même dette le Haut-Palatinat et le comté de Cham, dont il avait dépouillé l'électeur palatin, son ennemi. Il les lui vendit avec cette clause expresse: que, si les mâles de la branche de Baviere venaient à manquer, et que le Haut-Palatinat retombait à l'Empire ou aux agnats de la maison palatine, les héritiers allodiaux du dernier électeur auraient à réclamer, non seulement la somme des 13 millions, comme étant le prix de la vente, mais encore les améliorations, et qu'ils conserveraient la possession du Haut-Palatinat, jusqu'à ce qu'ils auraient été satisfaits sur leurs prétentions. L'article IV. §. 9 de la paix de Westphalie, en stipulant en faveur de l'électeur palatin la réversion du Haut-Palatinat et du comté de Cham, pour le cas de l'extinction des mâles de la branche de Baviere, réserva expressément aux héritiers allodiaux du dernier électeur les actions et bénéfices, qui de droit leur appartiennent sur ces pays. L'électrice douairiere de Saxe, en qualité d'héritiere allodiale du dernier électeur de Baviere, se croyait donc fondée, en vertu de cette clause du traité de Westphalie, à pouvoir répéter la somme des 13 millions, comme une dette allodiale inhérente au Haut-Palatinat.

Le duc de Mecklenbourg-Schwerin réclamait le landgraviat de Leuchtenberg, en vertu d'une expectative accordée au duc Henri de Mecklenbourg par l'empereur Maximilien I, en 1502.

Immédiatement après la mort de l'électeur de Baviere, et avant qu'on connût encore toutes ces prétentions, on vit entrer des troupes autrichiennes dans la Baviere et dans le Haut-Palatinat, qui prirent possession, au nom de l'empereur et de l'impératrice-reine, de tous les pays et districts, que ces souverains réclamaient. L'électeur palatin, intimidé par la cour de Vienne, reconnut, par une convention signée à Vienne le 3 Janvier 1778, et ratifiée par lui à Munich le 14, la légitimité de toutes les prétentions de cette cour. Mais le duc des Deux Ponts, dont l'accession, en sa qualité de successeur présomptif de l'électeur palatin, était indispensable, refusa de donner les mains à cette convention. Encou-

ragé par le roi de Prusse, qui lui envoya le comte
de Görtz, il mit ses droits à couvert par une déclaration qu'il fit faire à la diete le 16 Mars suivant.
Il fut soutenu dans son opposition par le roi de Prusse,
qui envisageait les prétentions autrichiennes comme
nullement fondées, et comme diamétralement opposées à la liberté, à la sureté, et à la constitution de
l'Empire.

En effet, si l'arrangement du 3 Janvier était
maintenu, près de la moitié de la Baviere passait
au pouvoir de la maison d'Autriche, et l'électeur
palatin se trouvait tellement enveloppé et entrecoupé
par les possessions autrichiennes, que bientôt il ne
lui restait d'autre parti à prendre, que d'abandonner
aux Autrichiens la totalité de la Baviere, par le moyen
d'un échange déja insinué dans la convention du 3
Janvier. Par-là, la Suabe, où la maison d'Autriche
tient des possessions considérables, pouvait être envisagée comme une province autrichienne, et la
contiguité des domaines de cette maison sur le Rhin,
avec le centre de sa monarchie, se trouvait établie.
L'équilibre du pouvoir périclitait dèslors en Empire,
et la France en particulier perdait la barriere, qu'elle
s'était ménagée au prix de son sang et de ses trésors.

La nullité d'ailleurs de la principale prétention
autrichienne, fondée sur l'investiture de l'empereur
Sigismond de 1426, était manifeste. La cour de
Vienne a produit deux titres de cet empereur, donnés l'un et l'autre en 1426. Par le premier, il investit le duc Albert d'Autriche de son propre droit
sur la succession de Baviere-Straubingen, dérivant du

chef de sa mere Jeanne, qui avait été princesse de Straubingen et soeur du dernier duc, décédé en 1425. Cette investiture, purement provisionnelle, supposait, que le duché de Straubingen fût fief féminin de l'Empire ; mais il était incontestablement masculin, et dèslors les femmes n'y pouvaient nullement prétendre. L'autre acte, qui est postérieur d'une quinzaine de jours, supposait, sous différens prétextes, les états de la succession de Straubingen dévolus à l'empereur et à l'Empire. L'empereur les réserve à lui et à ses descendans mâles. Il en nomme gouverneur, pendant sa vie, le duc Albert d'Autriche, son gendre, et au cas que lui, l'empereur, vînt à décéder sans héritiers mâles, il assure la succession de ces états à sa fille Élisabeth, épouse d'Albert, et à ses héritiers et descendans, auxquels il substitue le duc Albert et ses héritiers. Cette supposition était encore fausse ; les états de la succession de Straubingen n'étaient point dévolus à l'Empire : les droits des autres branches de Baviere sur cette succession étaient incontestables. L'empereur Sigismond les reconnut lui-même, et par une sentence, donnée à Presbourg en 1429, adjugea toute la succession aux ducs de Baviere, en la partageant entre eux en quatre parties égales.

Ces princes s'accommoderent encore cette même année, par une transaction passée à Ratisbonne avec le duc Albert et les autres princes autrichiens. Ces derniers renoncerent à toutes prétentions qu'ils avaient formées sur les états de la succession de Straubingen, moyennant une somme d'argent, que leur payerent les ducs de Baviere, et quelques autres avantages, qu'ils leur firent. Cette derniere piece, que le roi de Prusse a publiée, et qui lui avait été communiquée par M. de Senkenberg, a beaucoup embarrassé la cour de Vienne, qui ne négligea rien pour en démontrer la fausseté.

Les autres prétentions de la cour de Vienne n'étaient pas moins fortement contestées. On soutenait, que les fiefs de l'Empire, dont les empereurs avaient séparément investi la branche de Baviere, ne pouvaient pas être réclamés par l'empereur regnant comme fiefs ouverts de l'Empire; mais qu'ils devaient passer avec la totalité de la Baviere à l'électeur palatin, parce que 1°. ils étaient également compris dans le fidéicommis, établi entre les deux branches de la maison de Wittelsbach, et valable suivant les loix de l'Empire; 2°. parce qu'ils étaient incorporés à la Baviere et ne pouvaient plus en être séparés, conformément aux dispositions des chapitres 10 et 25 de la bulle d'or.

Quant aux fiefs de la couronne de Boheme, situés dans le Haut-Palatinat, comme ils étaient composés d'anciens biens patrimoniaux de la maison de Wittelsbach, rapportés dans le traité de Pavie, et chargés deslors du fidéicommis perpétuel de la maison palatine, ils étaient d'autant moins dans le cas du retour à la couronne de Boheme lors de l'extinction de la branche de Baviere, que l'article IV. §. 9 de la paix de Westphalie assure expressément, pour ce même cas, à la maison palatine l'investiture simultanée et la réversion de tout le Haut-Palatinat. Cet article était d'autant plus concluant contre l'impératrice-reine, que son ayeul, l'empereur Ferdinand III, était une des parties contractantes de ce traité, et n'avait fait, en sa qualité de roi de Boheme, aucune réserve ni réclamation pour les fiefs dont il est question.

Le roi de Prusse intervint dans cette affaire, en sa qualité de garant de la paix de Westphalie, et comme essentiellement intéressé à la conservation du système germanique. Il se porta encore comme ami et allié du duc des Deux-Ponts, ainsi que de l'électeur de Saxe et du duc de Mecklenbourg, tous prétendans à la succession de Baviere, et ayant réclamé son assistance. Sa démarche fut approuvée par la cour de France, qui ne pouvait pas voir avec indifférence les projets ambitieux de celle de Vienne.

Il s'ouvrit une négociation entre le roi de Prusse, l'empereur et l'impératrice-reine, qui fut continuée sans interruption depuis le mois de Février jusqu'à la fin de Juin 1778. Pendant le cours de cette négociation, la cour de Vienne ne négligea rien pour engager le roi de Prusse à reconnaître la validité de la convention du 3 Janvier entre l'impératrice-reine et l'électeur palatin, ainsi que la légitimité de la possession des différens districts de la Baviere, qui avaient été occupés par les troupes autrichiennes, et à laisser paisiblement exécuter les échanges, que l'impératrice-reine pourrait faire avec l'électeur palatin, de la totalité de la Baviere. Elle offrait en revanche de reconnaître la validité de l'incorporation des margraviats de Bayreuth et d'Anspach à la primogéniture de la maison de Brandebourg, et de laisser consommer tous échanges, qui pourraient être faits de ce pays, d'après la convenance du roi de Prusse. *)

Ce prince, bien loin de condescendre à ces offres, exigea au contraire la retraite des troupes autrichiennes et la restitution de tout ce que la maison d'Autriche avait occupé dans la Baviere. Il ne lui accordait tout au plus que la cession de quelques districts contigus à la Boheme et à l'Autriche, et cela moyennant des équivalens, que l'impératrice - reine donnerait à l'électeur palatin en Suabe ou dans les Pays-Bas. Il soutenait, qu'une acquisition aussi peu fondée que celle de la maison d'Autriche, ne pourrait être mise en parallelle avec l'acquisition des margraviats de Franconie, qui appartenaient légitimément au roi, et dont la réunion ou l'incorporation avec la branche électorale de Brandebourg ne pouvait nullement être mise en contestation.

Pour se mettre au fait de ce dernier différent, il convient de remarquer, que le roi de Prusse s'était arrangé en 1752 avec ses freres et cousins, de maniere qu'à l'extinction des mâles des branches d'Anspach et de Bayreuth, leurs états délaissés seraient incorporés à la primogéniture de Brandebourg. Cet arrangement changeait les dispositions d'un réglement de succession, arrêté en 1473 dans la maison de

---

*) C'est l'empereur lui - même, qui envoya au roi de Prusse un projet de convention dicté dans les termes ci - dessus. On le trouve avec la lettre de l'empereur et la réponse du roi de Prusse, dans les *Oeuvres posthumes* de ce prince, T. V. p. 293.

Brandebourg, et qui portait, que, s'il n'y avait qu'un seul margrave dans la maison, il lui serait libre de réunir les états de toutes les branches; mais s'il y en avait deux, l'ainé aurait l'électorat, et le cadet les terres de Franconie.

Le roi de Prusse soutenait, que le réglement de 1473, étant un simple arrangement de famille, pouvait être changé par la famille, sans que personne y puisse trouver à redire. La maison d'Autriche soutenait au contraire: 1°. que ce réglement était une vraie pragmatique sanction, qui, ayant été formellement confirmée par l'empereur et l'Empire, ne pouvait être altérée que de leur consentement; 2°. que les mêmes raisons d'équilibre en Empire, que le roi de Prusse alléguait contre la réunion de la Baviere aux états d'Autriche, empêchaient aussi celle des margraviats de Franconie à la primogéniture de Brandebourg, attendu qu'une pareille réunion altérerait la constitution des cercles, et particuliérement celle du cercle de Franconie.

Cette contestation donna lieu à différens écrits de controverse entre les cours de Berlin et de Vienne. Les propositions de la cour de Berlin, dont nous avons parlé, n'ayant point été du gré de celle de Vienne, les négociations furent rompues le 24 Juin, et le 3 Juillet *) les ministres furent rappellés des

---

*) Le roi de Prusse publia alors un écrit intitulé : *Exposé des motifs, qui ont engagé sa majesté le roi de Prusse à s'opposer au démembrement de la Baviere.* Cet écrit fut suivi d'un autre, pour lui servir de suite, à l'occasion de l'acte de renonciation du duc Albert d'Autriche à la succession de Straubingen, lequel, dans

différentes cours, et on ne pensa plus qu'aux moyens de se faire la guerre.

GUERRE POUR LA SUCCESSION DE BAVIERE.

Les armées de l'empereur et du roi de Prusse s'étaient réciproquement rassemblées dans le mois de Mars 1778 sur les frontieres de la Boheme et de la Silésie. L'empereur, qui commandait en personne, avec le feld-maréchal Lascy, l'armée principale, établit son camp près de Königsgrätz, pour observer les mouvemens du roi de Prusse, qui réunissait ses forces aux environs de Schweidnitz. La seconde armée autrichienne, sous les ordres du feld-maréchal Laudon, était destinée à défendre la frontiere de la Boheme du côté de la Saxe et de la Lusace. Enfin une troisieme armée, ayant à sa tête le marquis de Botta, était opposée aux Prussiens du côté de la Haute-Silésie et de la Moravie.

Ce fut le 5 Juillet, que le roi de Prusse en personne entra dans la Boheme par le comté de Glatz, et qu'il prit possession de Nachod. Il s'avança delà jusqu'au bord de l'Elbe, entre Jaromitz et Königsgrätz, et fixa son camp en face de celui de l'empereur,

l'intervalle, avait été communiqué au roi de Prusse. Il parut ensuite une ample *Déduction de la cour de Vienne* pour l'apologie de ses droits et de ses mesures dans l'affaire de la succession de la Baviere. Cet écrit fut réfuté par un autre, publié par la cour de Berlin. Le duc des Deux-Ponts et l'électeur de Saxe firent aussi paraître des mémoires tendans à développer leurs droits et à justifier leur conduite à l'égard de la cour de Vienne. Voyez aussi le *Recueil* de M. de HERZBERG, au Tome II.

dont il n'était séparé que par l'Elbe. Ces deux grandes armées resterent à peu près dans cette position jusqu'au moment de la retraite que fit le roi de Prusse de la Boheme, le 4 Septembre suivant.

Une autre armée, composée de Prussiens et de Saxons, et commandée par le prince Henri de Prusse, s'approcha le 19 Juillet des frontieres de la Boheme du côté de Frauenstein; mais pour être plus à portée d'agir de concert avec l'armée du roi, elle rebroussa chemin, passa l'Elbe, et entra en Boheme le 1 Août par la Lusace du côté de Zittau. Cette marche par le Nord-Ouest de la partie montagneuse de la Boheme, qu'on avait jugée parfaitement impraticable, fit un honneur infini aux talens militaires du prince Henri. À son entrée dans ce royaume, il s'empara de plusieurs places, et répandit la consternation jusques dans Prague. Le maréchal Laudon laissa d'abord le champ libre au prince, en abandonnant même plusieurs postes; mais il choisit depuis une position si avantageuse qu'il rendit tous ses efforts inutiles, et qu'il le tint constamment en échec jusqu'à ce qu'il évacuât la Boheme, le 23 Septembre suivant.

Enfin une troisieme armée prussienne, commandée par les généraux Werner et de Stutterheim, se porta dans la Silésie autrichienne, et occupa la meilleure partie de cette province.

Jamais on ne vit des armées plus nombreuses et mieux disciplinées, aussi rapprochées les unes des autres, et commandées par des chefs aussi habiles et aussi expérimentés, sans qu'il se passât aucune action remarquable. Le roi de Prusse fit tout ce qu'il put pour engager l'empereur à une action générale, ou pour lui fa re prendre une position , qui le mit dans le cas d'être attaqué ; mais le plan de ce prince et de ses généraux était de se tenir constamment sur la défensive, et d'obliger le roi de Prusse par la disette de sortir de la Boheme.   En effet les vivres commencerent bientôt à devenir rares dans le camp prussien , et le roi perdit beaucoup de monde par des fievres putrides et par la désertion , qu'il ne put empêcher , faute d'un nombre suffisant de troupes légeres.   Enfin ayant épuisé envain tous les moyens pour amener l'ennemi à une bataille , ou pour l'attirer dans un terrein découvert , il prit la résolution de sortir de la Boheme.   Sa retraite, qu'il exécuta en présence de l'ennemi , et dans des chemins presque impraticables , fut des plus savantes et des mieux combinées.   Elle fut suivie de près de celle du prince Henri , qui ne fut pas moins glorieuse.

Le roi, pour se ménager des établissemens dans la Haute-Silésie, se rendit alors en personne dans cette province, et y délogea les Autrichiens de Jägerndorff et de Troppau , afin de se faciliter l'entrée de la Moravie pour la campagne suivante.

D'un autre côté M. de Wurmser surprit le 18 Janvier 1779 les Prussiens auprès de Habelschwerdt. Le prince de Hesse Philippsthal y fut fait prisonnier avec quarante officiers et onze cents soldats : quelques quartiers du comté de Glatz tomberent au pouvoir des Autrichiens ; mais le roi s'étant mis à la tête d'un corps , chassa derechef les Autrichiens de tous les postes , qu'ils venaient d'occuper, et les obligea de rentrer dans la Boheme.

N É G O C I A T I O N S.

La campagne dont nous venons de parler, était à peine commencée , que l'impératrice - reine, animée du désir le plus vif de la paix , envoya le baron de Thugut au roi de Prusse , pour lui proposer de nouvéaux moyens de conciliation. . Ces moyens n'ayant pas été au gré du roi, il coucha lui-même par écrit les articles qu'il voulait faire servir de base à la négociation. Le baron de Thugut les porta à Vienne, pour y prendre de nouvelles instructions. Quoique le roi ne fût nullement satisfait de la réponse que rapporta le baron, il manda cependant ses ministres, pour ouvrir des conférences avec le ministre autrichien. Elles eurent lieu au couvent de Braunau en Boheme le 13 Août et les jours suivans 1778.

C'est dans ces conférences que l'impératrice - reine fit déclarer, qu'elle était intentionnée de rendre tout ce qu'elle avait fait occuper par ses troupes en Baviere, et de délier l'électeur palatin des engagemens qu'il avait pris avec elle par la convention du 3 Janvier, si le roi de Prusse s'engageait de son côté, à ne pas réunir, le cas échéant, les deux margraviats. de Bayreuth et d'Anspach à la primogéniture de sa maison. Cette proposition ayant été rejettée par le roi, comme l'impératrice s'en était doutée, elle demanda qu'il lui fut cédé pour sa prétention une partie de la Baviere du revenu d'un million de florins, et qu'une autre partie du même pays, renfermée dans les limites qu'elle désignait, lui serait abandonnée moyennant d'autres terres qu'elle assignerait en échangé à l'électeur palatin dans le cercle de Suabe; que si le roi agréait cette proposition, elle consentirait de son côté à la réunion des deux margraviats de Franconie à la primogéniture de l'électorat de Brandebourg, et non seulement ne s'opposerait pas à l'échange de ces margraviats contre la haute et basse Lusace, mais le faciliterait même par la renonciation qu'elle ferait à ses droits de féodalité et de réversion sur cette province.

Le roi n'ayant pas jugé ces propositions acceptables, et celles qu'il présenta de son côté n'ayant non plus été agréées par l'impératrice-reine, les conférences furent rompues dès le 12 du mois d'Août, *) et l'on continua à se faire la guerre.

Enfin ce fut la médiation puissante des cours de Versailles et de St. Pétersbourg, qui hâta le retour de la paix, plus encore que les dispositions pacifiques de l'impératrice-reine. La France, obligée par les termes de l'alliance de 1756 de fournir des troupes auxiliaires à la maison d'Autriche, ne pouvait allier ces engagemens avec l'intérêt de l'état et les obligations du traité de Westphalie, qui l'invitaient à s'opposer à toute entreprise contraire aux droits et à la liberté du corps germanique. Elle était d'ail-

*) Le roi publia alors un nouvel écrit intitulé : *Déclaration ultérieure de S. M. le roi de Prusse à ses co-états de l'Empire germanique concernant les procédés arbitraires de sa M. l'impératrice-reine dans la succession de Baviere.*

leurs occupée du rétablissement de sa marine, qui exigeait toute son attention, et venait de conclure un traité de commerce et d'alliance avec les états-unis de l'Amérique. Entraînée par là dans une guerre vive et couteuse avec l'Angleterre, elle ne pouvait que désirer le rétablissement de la paix du continent, afin de tourner toutes ses forces contre une rivale aussi formidable. L'intervention de l'impératrice de Russie, et les offres qu'elle fit de sa médiation, ne devaient donc pas manquer d'être favorablement accueillies en France.

Cette princesse, qui désapprouvait la conduite de la cour de Vienne, lui fit déclarer, à l'issue de la premiere campagne, que ce serait à regret qu'elle se verrait nécessitée de prendre parti dans cette guerre ; mais qu'elle désirait que les puissances belligérantes acceptassent sa médiation pour parvenir à un accommodement équitable. Elle invita en même tems la cour de France à coopérer avec elle à la pacification de l'Empire. Pour donner plus de poids à sa médiation, elle donna ordre à un corps de 30,000 Russes de se porter sur les frontieres de la Pologne autrichienne. Ce corps devait être employé à titre de troupes auxiliaires du roi de Prusse, au cas que la médiation vînt à échouer. Ce fut le 20 Décembre 1778 que le prince Repnin arriva à Breslau, et qu'il y déploya la double qualité de général et d'ambassadeur extraordinaire. Dans le même tems, 19 Décembre, parut une déclaration de l'impératrice, qui contenait les motifs de sa démarche.

L'empereur Joseph II penchait pour la continuation de la guerre; mais l'impératrice-reine crut devoir accepter la médiation, qui lui était offerte. Le roi de Prusse rédigea alors un projet de pacification qu'il communiqua à ses alliés et aux deux cours médiatrices. Ces cours l'ayant approuvé et l'ayant aussi fait adopter à l'impératrice-reine, on indiqua un congrès à Teschen, dans la Silésie autrichienne, afin d'y mettre la derniere main au traité définitif.

L'impératrice-reine y envoya le comte Jean-Philippe de Cobenzel, et le roi de Prusse le baron de Riedésel. Les plénipotentiaires des deux puissances médiatrices furent le baron de Breteuil de la part de la France, et le prince de Repnin de la part de la Russie. L'électeur palatin envoya le comte Antoine de Törring; le duc des Deux-Ponts, Mr. de Hofenfels; et l'électeur de Saxe, le comte de Zinzendorff. On agréa une suspension d'armes pour le tems du congrès. Les ministres plénipotentiaires arriverent à Teschen le 10 Mars 1779, et l'ouverture du congrès se fit le 14.

Tout ayant été préparé d'avance, il y avait lieu de croire que la négociation ne serait ni longue ni épineuse. Elle ne laissa cependant pas de présenter des difficultés qu'on avait été bien éloigné de prévoir. L'électeur palatin refusait d'accorder aucune indemnité à l'électeur de Saxe, et ce dernier peu satisfait de ce qu'on lui offrait, rehaussait beaucoup ses prétentions. Le duc des Deux-Ponts persistait à son tour à exiger une augmentation d'appanage, et fesait

valoir

valoir l'indivisibilité des états de Baviere. L'empereur, sous main, ne négligeait rien pour embarrasser la négociation. Il fallut tout le crédit des cours médiatrices pour appaiser les esprits et pour les ramener à l'union et à la paix.

La nouvelle qui arriva sur ces entrefaites à Teschen de la signature du traité de Constantinople entre la Russie et la Porte, du 21 Mars 1779, ne contribua pas peu à accélérer l'ouvrage de la pacification. On sentait que la Russie n'ayant plus rien à craindre du côté de la Porte, il lui serait plus facile de faire agir ses troupes en Allemagne d'après les vues du roi de Prusse. Dèslors toutes les difficultés s'applanirent; la paix fut signée à Teschen le 13 Mai 1779, et déja le 15 les ministres se séparerent. On publia la paix à Berlin le 22, et à Vienne le 24 du même mois, après quoi les armées se retirerent.

Une particularité qui mérite d'être remarquée, c'est que la maison palatine, pour les intérêts de laquelle la guerre avait été entreprise, n'y prit cependant aucune part; que la Baviere, qui fesait proprement le pays contesté, ne fut point enveloppée dans la guerre, et que l'électeur palatin, qui avait même refusé l'assistance du roi de Prusse, retira par la protection de ce prince le principal avantage de la paix.

Trois traités principaux furent signés à Teschen, qui ne forment ensemble qu'un seul et même traité: *)

*) Ce traité à été imprimé séparément à Paris à l'imprimerie royale en 1779, et à Vienne chez Trattner, imprimeur de la cour. On le trouve aussi dans le *recueil* de HERZBERG, T. II. p. 267, et dans celui de MARTENS, T. II. p. 1.

1.º Le traité de paix entre l'impératrice-reine et le roi de Prusse, dans lequel fut compris l'électeur de Saxe.

2.º Une convention entre l'impératrice-reine et l'électeur palatin, qui régle le différent sur la succession de la Baviere, et dans laquelle est compris le duc des Deux-Ponts.

3.º Une convention entre l'électeur palatin et l'électeur de Saxe, relative à la succession allodiale que l'électeur de Saxe avait réclamée.

ARTICLES DU TRAITÉ DE PAIX DE TESCHEN, ENTRE L'IMPÉRATRICE-REINE ET LE ROI DE PRUSSE.

Les deux premiers articles rétablissent l'ancienne amitié et bonne intelligence entre les deux cours, et reglent les conditions de l'amnistie.

On arrête ensuite la restitution réciproque des conquêtes, des prisonniers et sujets, et la cessation des contributions, livraisons et fournitures. Art. 3. 4. 5. 6.

La convention signée le même jour entre l'impératrice-reine et l'électeur palatin sera censée faire partie du traité de paix, comme si elle y était insérée mot pour mot; elle sera garantie par les puissances médiatrices, ainsi que le traité de paix même. Art. 7.

Il s'ensuit que si de nouveaux différens venaient à s'élever sur l'objet de cette convention entre la maison d'Autriche et la maison palatine, le roi de

Prusse, et les puissances médiatrices seraient autorisés d'y intervenir.

Les puissances contractantes et médiatrices garantissent formellement à toute la maison palatine, et nommément à la ligne de Birkenfeld, les traités et pactes de famille de 1766, 1771 et 1774, en tant qu'il n'y est pas dérogé par les cessions faites par les présens traité et conventions. Art. 8.

On voit par cet article que la branche de Birkenfeld, *) à laquelle on contestait la succession des états palatins, parce qu'elle était issue d'un mariage inégal, est déclarée formellement habile à succéder dans tous les états et possessions de la maison de Wittelsbach, compris dans les pactes de famille de cette maison.

La convention entre les électeurs palatin et de Saxe doit être envisagée comme fesant partie du traité de paix; elle sera également garantie par les puissances contractantes et médiatrices. Art. 9.

L'impératrice-reine s'engage pour elle, ses héritiers et successeurs, à ne jamais mettre aucune opposition à ce que les pays d'Anspach et de Bayreuth, en cas d'extinction de la ligne qui possède actuellement ces deux principautés, puissent être réunis à la primogéniture de l'électorat de Brandebourg, et que le roi de Prusse puisse en disposer à son gré. Art. 10.

---

*) Cette branche descend du prince Jean-Charles, frere cadet du duc Christian II des Deux-Ponts. Ce prince épousa une simple demoiselle noble de la famille de Witzleben, dont il eut un fils, nommé Jean, pere des princes de Birkenfeld.

Lorsque le cas de la réunion des pays d'Anspach et de Bayreuth à la primogéniture de Brandebourg arrivera, tout lien féodal de ces pays envers la couronne de Boheme cessera, et, le cas échéant, le roi de Prusse abandonnera aussi de son côté les droits de mouvance et de domaine direct de ces margraviats à l'égard des fiefs situés sur le territoire d'Autriche. Art. 11.

Les traités de Westphalie, de Breslau, de Berlin et de Dresde sont renouvellés et confirmés, comme s'ils étaient insérés mot pour mot dans le présent traité. Art. 12.

L'impératrice-reine se joindra au roi de Prusse, à l'électeur palatin et au duc des Deux-Ponts, pour requérir l'empereur et l'Empire de vouloir conférer à l'électeur palatin, pour lui et pour toute la maison palatine, les fiefs de l'Empire qui avaient été conférés séparément à la branche de Baviere, tant en Baviere qu'en Suabe. Elle s'employera aussi à faire abandonner l'administration de ces fiefs à l'électeur, immédiatement après la ratification du présent traité de paix. Art. 13.

L'empereur et l'Empire sont requis par toutes les parties contractantes, d'accéder au présent traité et aux actes et conventions, qui en font partie, et de donner leur consentement plénier à toutes les stipulations qui y sont contenues. Art. 14.

L'impératrice-reine interposera, conjointement avec le roi de Prusse, ses bons offices auprès de l'empereur, pour le porter à accorder à la maison ducale

de Mecklenbourg le privilége de *non appellando* illi-
mité. Art. 15.

Ce privilége, qui empêche que les appels ne
puissent être interjettés des tribunaux du pays aux
cours souveraines de l'Empire, était d'autant plus
important pour les ducs de Mecklenbourg, qu'ils
étaient continuellement en procès avec les états du
pays, et que le nombre des causes portées aux cours
souveraines de l'Empire fesait sortir de grandes sommes d'argent du pays.

Les deux puissances médiatrices sont requises de
se charger de la garantie du présent traité, ainsi que
de toutes les conventions et stipulations qui en font
partie. Art. 16.

Cette garantie fut donnée par un acte séparé,
signé à Teschen le même jour que le traité, par les
deux ministres plénipotentiaires de France et de Russie, et annexé au traité.

Par un article séparé, l'électeur de Saxe qui avait
été impliqué dans la guerre, est compris dans ce traité
de paix et de reconciliation, comme partie contrac-
tante.

L'empereur, en sa qualité de co-régent et héritier
des états de sa mere, accéda au traité de paix de
Teschen, par un acte séparé, signé à Vienne le 16
Mai 1779.

ARTICLES DE LA CONVENTION ENTRE L'IMPÉRATRICE-REINE ET L'ÉLECTEUR PALATIN.

L'électeur palatin rentrera, avec sa maison, en possession de tous les districts que la maison d'Autriche avait occupés tant en Baviere, que dans le Haut-Palatinat. L'impératrice-reine délie l'électeur palatin de la convention du 3 Janvier 1778, et renonce pour elle, ses héritiers et successeurs, à perpétuité à toutes les prétentions qu'elle a formées, ou qu'elle pourrait former sur aucune partie de la succession du feu électeur de Baviere. Art. 1.

L'impératrice-reine céde à l'électeur, pour lui, ses héritiers et successeurs, la seigneurie de Mindelheim, ainsi que les droits quelconques de la couronne de Boheme sur les seigneuries de Glaucha, Waldenbourg et Lichtenstein, appartenant aux comtes de Schoenbourg, afin de faciliter l'arrangement des prétentions allodiales de la maison de Saxe; elle consent également à conférer à l'électeur palatin et à toute la maison palatine les fiefs de la couronne de Boheme situés dans le Haut-Palatinat, pour les posséder sur le même pied qu'ils ont été possédés par les électeurs de Baviere. Art. 2.

Cet article et les cessions dont il y est question, semblent avoir été énoncés de la sorte, pour tenir lieu de titre ou d'équivalent à la cession d'une partie de la Baviere en faveur de la maison d'Autriche. Quant aux droits sur les seigneuries de Glaucha, de Waldenbourg et de Lichtenstein, enclavées dans la

Saxe, il faut remarquer, que ces seigneuries avaient été jusqu'alors fiefs de la couronne de Boheme, et arriere-fiefs de l'Empire, et que les électeurs de Saxe prétendaient sur elles la supériorité territoriale, qui leur était contestée par les comtes de Schoenbourg, protégés par la maison d'Autriche. Il en avait résulté des voyes de fait encore en 1777 entre l'Autriche et la Saxe, par l'introduction des troupes autrichiennes dans ces seigneuries, et par la réformation des ordres et édits que l'électeur y avait publiés, en sa prétendue qualité de seigneur territorial. Par le traité dont nous parlons, la couronne de Boheme renonce à tous ses droits quelconques sur ces seigneuries. Ces droits étaient simplement ceux de la mouvance, car on ne trouve pas que la couronne de Boheme ait jamais réclamé les droits de supériorité territoriale sur ces seigneuries.

L'impératrice-reine requerra l'empereur et l'Empire de vouloir bien conférer à l'électeur palatin, tant pour lui que pour toute la maison palatine, les fiefs de l'Empire, situés tant en Baviere qu'en Suabe, qui avaient été conférés séparément à la branche de Baviere. Art. 3.

Cet article est conforme à l'art. 13 du traité de paix entre l'impératrice-reine et le roi de Prusse.

L'électeur palatin céde, pour lui, ses héritiers et successeurs, à la maison d'Autriche les bailliages de Wildshut, de Braunau avec la ville de ce nom, de Maurkirchen, de Fribourg, de Mattigkoven, de Ried, de Scharding, et en général toute la partie de la Baviere qui est située entre le Danube, l'Inn et la Salza, fesant partie de la généralité ou de la régence de Bourghausen. Art. 4.

Cette portion de la Haute Baviere, abandonnée à la maison d'Autriche, fait environ un seizieme de toute la Baviere, et peut être évaluée à trente huit lieues quarrées d'Allemagne, au lieu que ce qu'elle avait d'abord occupé, montait à deux cens trente quatre lieues, et approchait de la moitié de la Baviere.

Les rivieres, savoir le Danube, l'Inn et la Salza, en tant qu'elles touchent les pays cédés, seront communes à la maison d'Autriche et à l'électeur palatin. Il ne sera permis à aucune des deux parties d'en altérer le cours naturel, ni d'y établir de nouveaux péages, ni autres droits, ni d'empêcher la libre navigation. Art. 5.

Le pays indiqué dans l'art. 4 est cédé à la maison d'Autriche, avec tous les droits de supériorité territoriale, et tous autres, sans rien excepter; l'impératrice-reine, ni ses héritiers et successeurs, ne pourront jamais former des prétentions sur aucune autre partie des états de Baviere, à quelque titre que ce puisse être. Les droits de séance et de suffrage des ducs de Baviere sont réservés à l'électeur palatin et à ses héritiers et successeurs. Art. 6.

On voit par ces articles et par toute cette convention, que l'électeur palatin y est constamment appellé *électeur palatin*, et non de Baviere, et que la Baviere y est qualifiée de *duché*, et non d'électorat.

On se délivrera réciproquement les papiers, lettres, documens et archives, relatifs aux pays, villes et lieux cédés. Art. 7.

Cette convention entre l'impératrice-reine et l'électeur palatin est accompagnée d'un acte d'accession du duc des Deux-Ponts, accepté par l'impératrice-reine.

ARTICLES DE LA CONVENTION
ENTRE LES ÉLECTEURS PALATIN ET DE SAXE.

L'électeur palatin, pour satisfaire aux prétentions allodiales de l'électeur de Saxe, formées en vertu de la cession de l'électrice douairiere, sa mere, soeur du dernier électeur de Baviere, s'engage pour lui, ses héritiers et successeurs, avec le concours du duc des Deux-Ponts, et sous la garantie des puissances médiatrices, à payer au dit électeur, à Munich, en douze années et sans intérêts, la somme de six millions de florins, argent d'Empire, à raison de cinq cents mille florins par an, et en deux termes égaux de six mois en six mois, à commencer du 4 Janvier 1780, et à continuer de la même maniere jusqu'à l'acquit total de la dite somme. Art. 1.

L'électeur palatin céde à l'électeur de Saxe les droits de la couronne de Boheme sur les seigneuries de Glaucha, Waldenbourg et Lichtenstein, de la même maniere que ces droits lui ont été cédés par l'impératrice-reine, et sans qu'il puisse y avoir contradiction et opposition par qui que ce soit contre tous les droits de l'électeur de Saxe sur les dites seigneuries. Art. 2.

Les termes, *tous les droits*, semblent aussi comprendre les droits de supériorité territoriale ; mais les puissances contractantes auraient-elles pu ou voulu préjudicier, par cette clause, aux droits des comtes de Schoenbourg ?

L'électeur de Saxe renonce au nom de l'électrice, sa mere, dé ses héritiers et successeurs, à toutes les prétentions qu'elle a pu former sur la totalité de *l'alleu de Baviere*, de quelque nature qu'il puisse être. Cet alleu passera à la substitution perpétuelle affectée sur tous les états électoraux bavaro-palatins. Art. 3.

L'empereur et l'Empire sont requis d'accéder à la présente convention, et de donner leur consentement à toutes les stipulations qui y sont contenues. Art. 4.

L'impératrice-reine, le roi de Prusse et les deux puissances médiatrices, sont requises d'en prendre la garantie. Art. 5.

Cette convention est suivie de l'acte de garantie des deux puissances médiatrices. Elle embrasse non seulement le traité de paix; mais encore toutes les conventions, articles et actes particuliers et séparés.

L'empire donna son accession à la paix, par un résultat de la diete du 28 Février 1780.

CONFÉDÉRATION GERMANIQUE.

La maison d'Autriche ayant échoué, par la paix de Teschen, dans les prétentions qu'elle avait formées sur la Baviere, l'empereur essaya depuis de faire l'acquisition de cette province par le moyen d'un échange libre contre les Pays-Bas. Il s'en prépara les voyes par la démolition de toutes les places fortes des Pays-Bas, et par l'expulsion des Hollandais des places de

la barriere , qu'il effectua en 1781. Sans cette pré-
caution préalable, l'échange aurait pu essuyer de l'opposition, tant de la part des Hollandais que des États-
généraux des Pays-Bas autrichiens.

Il ne fut pas difficile à l'empereur de faire agréer
cet échange par l'électeur palatin, en conséquence de
la proposition qu'il lui en fit dans le cours de l'année
1783. Il réussit de même à mettre dans ses intérêts
l'impératrice de Russie, et crut aussi pouvoir gagner
la France, par l'offre de lui céder le pays de Luxembourg et celui de Namur.

Le duc des Deux-Ponts s'étant formellement op-
posé à cet échange, le roi de Prusse lui accorda sa
protection, et démontra par des écrits qu'il publia,
l'inadmissibilité d'un pareil échange, tant par les traités
de Teschen et de Pavie, que par les considérations
de l'équilibre de l'Allemagne, qui en péricliterait. Il
aurait également pu alléguer les stipulations des traités d'Utrecht et de la Barriere, qui défendent expressément tout échange des Pays-Bas, et qui ordonnent
que ce sera à jamais l'héritier des états d'Autriche en
Allemagne qui les possédera.

L'opposition du duc des Deux-Ponts et du roi de
Prusse fit échouer l'échange projetté: L'empereur
assura par des déclarations publiques, qu'il ne songe-
rait jamais à un *troc forcé* de la Baviere. Les principaux membres de la maison palatine déclarerent de
leur côté, qu'ils ne se prêteraient jamais à un *échange
volontaire* de la Baviere. Il en dérive, quoique sans
traité formel, un nouvel engagement solennel, con-
tracté à la face de l'Europe, par les principales par-

ties intéressées, pour l'affermissement de la sureté et de l'équilibre de l'Allemagne.

Cependant l'idée seule d'un pareil échange devait naturellement exciter des inquiétudes, et faire naître des allarmes. Elles donnerent lieu à une association, conclue à Berlin le 23 Juillet 1785 entre les trois électeurs de Saxe, de Brandebourg et de Brunswic-Lunebourg. Cette association, qui renouvelle les anciennes liaisons de ces trois maisons, est purement défensive, et n'a pour but que la conservation du systeme germanique, ainsi que des possessions et des droits de tous ses membres. *)

La plupart des puissances étrangeres et de l'Empire applaudirent à cette association, et plusieurs princes d'Allemagne s'empresserent d'y accéder; entr'autres les ducs de Brunswic, de Saxe-Gotha, de Saxe-Weimar, des Deux-Ponts et de Mecklenbourg, les landgraves de Hesse-Cassel et de Darmstadt, l'évêque d'Osnabruck, les princes d'Anhalt, et l'électeur de Mayence.

*) On trouve ce traité dans le *recueil* de MARTENS, T. II. P. 553. Il fournit matiere à plusieurs écrits de controverse entre les cours de Vienne et de Berlin, dont les principaux ont été rassemblés par Mr. de HERTZBERG, *recueil des déductions*, au Tome II. p. 292 et suiv.

HISTOIRE
DU TRAITÉ DE PAIX
DE VERSAILLES
de 1783,
ENTRE LA FRANCE ET L'ANGLETERRE.

ORIGINE DES TROUBLES DE L'AMÉRIQUE.

La révolution de l'Amérique anglaise ayant occasionné la derniere guerre entre la France et l'Angleterre, terminée par la paix de Versailles, en 1783, il convient d'en donner ici le précis.

Les colonies anglaises de l'Amérique septentrionale, depuis l'époque de leur fondation dans les 16e et 17e siecles, ne tenaient à la métropole que par un gouvernement purement civil, par l'uniformité des moeurs, et par des habitudes qu'un long espace de tems avait affermies.

Cette union aurait pu durer encore longtems, si les Anglais, au lieu d'affecter une supériorité sur l'Amérique, eussent traité les Anglo-Américains comme leurs freres ; s'ils les eussent laissé jouir des avantages du gouvernement anglais, fondé sur la justice et sur l'égalité. Mais l'assujetissement de leur commerce au monopole des Anglais , qui mettait des entraves à leur industrie et à leur agriculture, devait naturellement les indisposer contre la métropole, et leur faire naître le désir de se soustraire à une dépendance, qui ne pouvait que leur péser. Ce penchant devait même s'accroitre, à mesure que les colonies augmentaient en forces , en population et en puissance.

Étendues sur un continent immense , à une distance de 1500 lieues de l'Angleterre , elles devaient sentir, que dès qu'elles le voudraient, il ne leur serait pas difficile de se mettre sur le pied d'états parfaitement libres et indépendans.

Une considération cependant bien propre à les retenir, était celle de la protection que la mere-contrée leur accordait contre des voisins puissans, les Français du Canada , les Espagnols de la Floride, et les Sauvages de l'ouest. Les Canadiens surtout étaient pour la nouvelle Angleterre des voisins hardis et entreprenans, qui leur rendaient l'assistance et la protection de l'Angleterre indispensables.

La situation des affaires changea lors de la paix de Paris en 1763. Par ce traité, l'Angleterre eut la mauvaise politique de se faire céder le Canada et la Floride , et rompit ainsi le principal noeud, qui attachait les colonies à son gouvernement. Dès-lors ces colonies n'envisageant plus les Français comme leurs ennemis, et pouvant se passer des forces de la métropole , pour se garantir de leurs attaques, songerent bientôt sérieusement à s'affranchir de la domination britannique.

Ce qui servit beaucoup à aigrir les esprits des Américains, ce furent les mesures que prit la cour de Londres, immédiatement après la paix de Paris, pour arrêter les progrès du commerce interlope ou de contrebande, qui reprenait vigueur entre leurs colonies et les colonies françaises et espagnoles; mais un grief plus important encore fixa dans peu l'attention des colonies, et leur servit enfin de prétexte à secouer entiérement le joug de la mere-patrie.

Le parlement britannique, croyant qu'il était de la justice que les colonies contribuassent leur quote part à la liquidation de la dette nationale, causée par la guerre précédente, dont l'Amérique avait retiré les plus grands avantages, résolut de les imposer à proportion de leurs facultés, et passa le fameux acte du timbre, qui reçut la sanction royale le 22 Mars 1765.

Cet acte ayant paru en Amérique, y causa un soulévement général. Le peuple se porta à toutes sortes d'excès et de violence contre les officiers du roi. Les cours de justice furent fermées, et les colonies commencerent à former des associations entre elles.

Elles contesterent hautement au parlement le droit de les taxer, sur le fondement que n'ayant pas de représentans dans le parlement, elles ne pouvaient pas y être taxées, attendu que c'était un droit constitutionnel qu'aucun Anglais ne pouvait être taxé que par ses représentans.

Elles allerent encore plus loin, et attaquerent même la suprématie et le pouvoir législatif du parlement sur les colonies, déclarant injuste toute taxe ou contribution quelconques imposées par la mere-patrie, et soutenant qu'elle devait se contenter des profits immenses, qui lui revenaient du monopole de son commerce avec l'Amérique, comme d'un équivalent plus que suffisant des contributions.

Le parlement eut la faiblesse de révoquer en 1766 l'acte du timbre, et publia en même tems un acte déclaratoire, qui portait „que les colonies étaient „ de droit subordonnées et dépendantes de la couronne et du parlement de la Grande-Bretagne, en „ qui résidait l'autorité et la pleine puissance de faire „ des loix et des statuts obligatoires pour les colonies dans *tous les cas possibles.* "

Cet acte, bien loin d'appaiser les troubles, ne servit qu'à les exciter davantage. Les Américains le traiterent de tyrannique et comme n'aboutissant à rien moins qu'à détruire tous les fondemens de la liberté, et à établir une domination absolue et despotique.

Le parlement crut apporter un tempérament aux griefs dont se plaignaient les colonies, en abandonnant tout projet de taxes à lever dans l'intérieur du pays, pour se borner uniquement à des taxes ou impôts extérieurs. C'est ce qui lui fit substituer en 1767 à l'acte du timbre celui qui établissait des droits sur le thé, le papier, les couleurs et le verre, portés d'Angleterre en Amérique.

Cet acte ne fut pas mieux accueilli que les précedens, et la plupart des colonies se recrierent contre. L'assemblée de Massachusetsbay adressa même des lettres circulaires à toutes les colonies, pour le:

exhorte

exhorter à agir de concert pour soutenir leurs droits contre la métropole. L'esprit de révolte gagnant de plus en plus, le parlement, par un acte rédigé en 1769, résolut d'employer des troupes pour rétablir l'ordre et la tranquillité dans les colonies, et pour y faire respecter la suprématie du parlement.

Ce fut dans ces circonstances que le lord North ayant été mis à la tête de l'administration, réussit à arrêter pour quelque tems le feu de la sédition, par un nouvel acte publié en 1770, lequel en abolissant toutes les taxes, ne laissait subsister que celle sur le thé.

L'intention du ministre, en conservant la taxe des thés, n'était pas d'en retirer un bénéfice, mais il espérait, par cet impôt léger, accoutumer les colonies à supporter des taxes. Ce n'est pas que les plus judicieux parmi les Américains ne comprissent très-bien, que leur soumission pour le thé impliquerait une reconnaissance de l'acte déclaratoire, ou de la suprématie du parlement. Cependant comme les colonies ne tiraient alors que fort peu de thé d'Angleterre, et que les Hollandais le leur fournissaient par contrebande, elles ne firent proprement éclater leur ressentiment qu'en 1773.

Le Parlement ayant alors accordé à la compagnie des Indes la permission d'exporter en Amérique les thés dont elle avait de grandes provisions, les Américains choqués de ce qu'on voulait les obliger de les prendre, et que la compagnie se rendait l'instrument d'une loi qui leur était odieuse, résolurent de s'opposer au débarquement des thés.

Vol. II. L

Trois vaisseaux de la compagnie, chargés de cette marchandise, étant arrivés à Boston, le peuple les aborda pendant la nuit du 21 Décembre, et jetta toutes les caisses de thé à la mer. Dans les autres provinces les navires chargés de thé furent renvoyés en Angleterre.

À la nouvelle de cet attentat, le parlement animé par le lord North, crut devoir prendre des mesures vigoureuses contre les Américains. Il passa successivement trois actes, depuis la fin de Mars 1774; le premier, pour interdire le port de Boston, le second, pour supprimer la charte et le gouvernement démocratique de Massachusetts et y substituer un gouvernement royal, et le troisieme, pour autoriser les gouverneurs des colonies à traduire les Américains accusés de rébellion, en Angleterre, pour y être jugés à la cour du banc du roi. Le général Gage fut envoyé à Boston avec un corps de troupes et plusieurs vaisseaux, afin d'y soutenir ces mesures correctives.

En se décidant pour un parti aussi violent, le parlement fit la faute de ne point envoyer des forces suffisantes et capables d'imposer aux Américains. Plusieurs membres du parlement déclamerent contre ces bills oppressifs, qui devaient forcer les colonies à la révolte et entraîner la perte de l'Amérique. En effet il paroissait invraisemblable, qu'on parvînt jamais à réduire par la force un continent aussi vaste et aussi éloigné de la métropole; et supposé même qu'on y eût réussi, il devenait impraticable par l'esprit

et la nature du gouvernement anglais, de le maintenir par la force.

Les colonies, loin d'être effrayées par l'interdit
de Boston et par la révocation de la charte de Massachusetts, épousèrent avec chaleur la cause de la
province que l'on voulait punir.   Elles se concer-
tèrent aussitôt de suspendre toute consommation de
marchandises britanniques, jusqu'à ce que cette province fut rétablie dans ses droits.

Un congrès général, composé des représentans
de toutes les provinces, s'ouvrit à Philadelphie le 5
Décembre 1774.   Il déclara injustes, oppressifs, in-
constitutionnels, les actes du parlement contre la
province de Massachusetts; il arrêta de repousser la
force par la force, et de présenter une adresse au
roi et une pétition à la chambre des communes.

Cette derniere tentative que firent les Américains
pour le redressement de leurs griefs, n'eut pas le
moindre succès.   Envain le comte de Chattam plai-
da-t-il leur cause dans le parlement avec son éloquence
ordinaire; envain sollicita-t-il le rappel du général
Gage et la révocation de tous les actes passés dans la
session précédente, le parlement persista dans les
voyes de rigueur qu'il avait adoptées.

Il rédigea au mois de Février 1775 de nouveaux
actes, pour restraindre le commerce des quatre provinces de la Nouvelle-Angleterre, et pour leur interdire la pêche sur le banc de Terreneuve, dont une
grande partie de leurs habitans tiraient leur subsis-
tance.   On envoya dans le même tems au général

Gage des renforts considérables de troupes et de vaisseaux.

GUERRE D'AMÉRIQUE.

Les premieres hostilités datent du 19 Avril 1775, où un détachement Anglais, que le général Gage avait envoyé à Concorde, en traversant le bourg de Lexington, y rencontra un corps de milice Américaine, l'attaqua et le dispersa; mais bientôt les provinciaux se rassemblerent de tous côtés, et repousserent les Anglais jusqu'aux fauxbourgs de Boston.

Le congrès américain, qui avait renouvellé ses séances à Philadelphie, déféra le commandement en chef de ses troupes à George Washington, riche planteur de la Virginie, qui s'était acquis une réputation militaire, en combattant au Canada contre les Français. John Hancok, riche négociant de Boston, et qui avait un grand crédit sur le peuple, fut nommé président du congrès; et comme on manquait de numéraire, on y suppléa par la création d'un papier-monnaie, afin de pouvoir faire face aux dépenses indispensables de la guerre.

Une déclaration fut rédigée et publiée au nom du congrès, le 6 Juillet 1775. Elle développa les causes qui nécessitaient les Américains de prendre les armes, protestant que leur dessein n'était point de rompre l'union avec la Grande - Bretagne, ni d'embrasser un système absolu d'indépendance.

Vingt mille provinciaux, commandés par Washington, entreprirent le blocus de Boston. Il se passa le 17 Juillet à Bunkers'hill , auprès de Charles-Town , une action meurtriere , qui fit beaucoup d'honneur au général Putnam, américain. Il repoussa deux fois les troupes anglaises supérieures en forces, et commandées par les généraux Howe et Bourgoyne, et n'abandonna ses retranchemens, qu'après leur avoir tué beaucoup de monde.

Le blocus de Boston fut cependant continué, et le général Howe se vit forcé d'abandonner cette ville le 17 Mars 1776, pour se retirer à Hallifax dans la Nouvelle-Écosse.

Deux autres corps américains , commandés par Montgommery et par Arnold , pénétrerent dans le Canada au mois de Novembre 1775, résolus d'y détruire la domination des Anglais. Montgommery prit le fort St. Jean sur la riviere Champlain ; il s'empara aussi de la ville de Montréal, et vint joindre Arnold au mois de Décembre devant Québec, pour en faire le siége. Cette entreprise aussi difficile que dangereuse ne réussit pas. Montgommery fut tué dans un assaut général, et Arnold obligé de lever le siége de Québec et d'évacuer le Canada , à l'arrivée de plusieurs frégates d'Europe, et des troupes commandées par le général Bourgoyne.

Le ministere britannique désirant soumettre l'Amérique en une seule campagne, fit des efforts extraordinaires pour celle de 1776. Le nombre des troupes fut porté à 55,000 hommes , y compris 16 à 17 mille de troupes allemandes, fournies par le duc de Brunswic , le landgrave de Hesse-Cassel, et le prince héréditaire de Hesse. L'emploi des troupes étrangeres décida enfin les Américains à rompre tout lien avec l'Angleterre, afin de pouvoir, à leur tour, recourir à des secours étrangers.

DÉCLARATION D'INDÉPENDANCE.

Le congrès déclara formellement l'indépendance, par un acte qui fut rédigé le 4 Juillet 1776, et qui fait la récapitulation de tous les griefs des Américains contre le ministere britannique et le gouvernement du roi George III, au nombre de vingt-huit articles *) Cet acte fut suivi de la rédaction des articles de confédération et d'union perpétuelle entre les états de l'Amérique. **) Les états, qui signerent la confédération, sont au nombre de treize: ***) New-Hampshire, Massachusetts, Rhode-Islande, Connecticut, New-Yorck, New-Jersey, Pensilvanie, Délaware, Maryland, Virginie, Caroline septentrionale, Caroline méridionale, Géorgie. Elles prirent par l'acte

---

*) *Recueil des loix constitutives des états-unis de l'Amérique*, p. 3.

**) Ibidem, p. 14.

***) Les articles de la confédération furent signés le 4 Octob. 1776 seulement entre onze états. La Caroline méridionale et le Maryland n'y furent alors pas compris. On fit depuis des changemens à ces articles, et on rédigea un nouvel acte de confédération à Philadelphie le 9 Juillet 1778, où l'on comprit aussi la Caroline méridionale et le Maryland. Cette derniere province cependant n'accéda proprement à la confédération, que le 1 Mars 1781. A cette époque les articles de la confédération furent finalement et définitivement ratifiés. On trouve ces articles de 1778 et 1781 dans les *constitutions des treize états-unis de l'Amérique, publiées à Philadelphie et à Paris en 1783*, p. 423.

de leur confédération le titre d'*États-unis de l'Amérique.*

Par l'acte d'union chaque état resta le maître de son administration intérieure et de sa législation ; mais ils attribuerent au congrès le pouvoir de régler toutes les affaires politiques, la guerre et la paix, les ambassades, les traités, la monnaie, les poids et mesures, les postes, l'accommodement des différens qui s'éleveront entre deux ou plusieurs des États-unis. Il déterminera aussi le montant des impôts et leur emploi, il fera des emprunts au nom des États-unis, il ordonnera l'équipement des flottes, fixera le nombre des troupes et des contingents, nommera les généraux des troupes de terre et tous les officiers de mer.

Ce congrès sera composé des députés de toutes les colonies, qui seront choisis annuellement par chaque état, et qui tiendront leurs assemblées à Philadelphie. On ne pourra être choisi député que trois fois dans six ans, et il sera libre à chaque état de rappeler l'un ou l'autre de ses députés, et de le remplacer par d'autres, dès qu'il le jugera à propos.

Le congrès ne pourra déclarer la guerre ni conclure une alliance, régler la monnaie, les impôts et emprunts, arrêter le nombre des vaisseaux et troupes nécessaires, que du consentement de neuf parmi les treize États-unis. Les autres affaires se décideront à la pluralité de ces mêmes états.

Un conseil d'état fut établi en vertu de l'acte d'union. Il fut composé de treize membres du congrès, un pour chaque province, qui sera élu tous

les ans par les autres délégués de la même province.
Ce conseil d'état fut revêtu des pouvoirs exécutifs,
pour mettre à effet les résolutions du congrès.

Chaque état ou colonie se forma aussi sa constitution et ses loix particulieres, et malgré les différences qu'on y remarque, on trouve cependant que
toutes ont été modelées sur le gouvernement de la
Grande-Bretagne. Dans toutes ces constitutions on
trouve le pouvoir législatif confié à un sénat et à une
chambre de représentans, qui sont choisis par le peuple La province de Massachusetts a conservé un
gouverneur comparable au stadhouder des Provinces-
unies, mais qui est choisi annuellement.

La déclaration d'indépendance, dont nous venons
de parler, rendit impraticables toutes les voyes de
conciliation entre l'Angleterre et les États-unis, et
prépara les voyes à la France d'épouser la querelle
des Américains. Le comte de Chattam ouvrit dèslors l'avis dans le parlement, de reconnaître cette
indépendance, de déclarer la guerre à la France, et
de faire succéder une alliance avec les États-unis, à
une domination et une suprématie, qui ne pouvaient
plus subsister. Cet avis qui aurait pu devenir salu-
taire, ne fut pas suivi.

La campagne de 1776 ne fut cependant rien moins
que favorable aux Américains. Le général Howe,
profitant de sa supériorité, attaqua le général Putnam
dans Longisland, le défit le 27 Août à Bedfort, et
prit New-Yorck le 15 Septembre. Washington essuya aussi une déroute dans les Plaines-blanches
(white plains) le 28 Octobre. Les Anglais, maîtres des

provinces de New-Yorck, de Rhode-Islande et de New-Jersey, pénétrerent jusqu'à la Délaware, et menacerent la Pensilvanie. Les Américains découragés abandonnerent les drapeaux de leur général, qui vit son armée réduite à trois mille hommes.

Dans ce moment de crise, Washington ne désespéra point du salut de la patrie. Avec les 3000 hommes qui lui restaient, il prit poste sur les bords de la Délaware pour couvrir Philadelphie. Le général Lée arriva heureusement à son secours avec un renfort. Il résolut alors d'attaquer les ennemis dans leurs cantonnemens. Il passa la Délaware sur la glace le 25 Décembre, et surprit 1500 Hessois à Trenton. Attaqué lui-même dans ce poste par les Anglais, il se déroba pendant la nuit; et par une manoeuvre des plus hardies et des plus adroites, il vint tomber le 6 Janvier 1777 sur un détachement ennemi à Prince-Town, reconquit la plus grande partie du Jersey, et repoussa les Anglais jusqu'à Brunswick.

Ces succès releverent le courage des Américains, et les animerent à soutenir avec une nouvelle ardeur la cause commune; mais ce qui ne contribua pas moins à les encourager, ce fut l'espoir d'un prochain secours de France. Le fameux docteur Francklin avait été envoyé par le congrès à Paris, où il parut d'abord comme agent, et bientôt comme plénipotentiaire des États unis. Il réussit à intéresser la nation française dans la cause de l'Amérique. La France assista d'abord sous main les Américains. Mr. de la Fayette passa en 1777 en Amérique, accompagné de plusieurs officiers français. On fournit aux Américains des armes et de l'artillerie d'Europe.

Le général Howe, décidé à prendre Philadelphie, et ne pouvant pas pénétrer à travers le Jersey, s'embarqua avec ses troupes, fit un tour immense pour remonter la baye de Chésapéack, et vint établir son camp vers la source de la riviere d'Elk, qui a son embouchure dans la baye. Washington s'était rapproché à son tour pour couvrir Philadelphie. Il campait sur la rive gauche d'un ruisseau, appellé Brandywine-creck. Howe l'y attaqua le 11 Septembre et mit son armée en déroute; mais il ne tira point parti de sa victoire, et laissa le tems aux Américains de reprendre courage. Ce ne fut que le 26 Septembre que le général Howe prit possession de Philadelphie. Washington ayant entrepris depuis de surprendre l'armée anglaise, campée à German-Town, fut d'abord vainqueur; mais n'ayant pas sû profiter de son avantage, les Anglais revinrent à la charge, et le repousserent avec perte le 4 Octobre. C'est à quoi se bornerent les succès du général anglais ; ils tomberent à pure perte par le terrible échec de Bourgoyne, qui mit le sceau à l'indépendance de l'Amérique.

Ce général s'était avancé du Canada à la tête d'un corps de 10,000 hommes, pour se porter sur Albany, afin de seconder les opérations de Howe. Ayant traversé le lac Champlain, il s'empara de Ticonderago, et poussa jusqu'aux environs de Saratoga. Mal secondé à son tour par le général Howe, qui s'éloignait de lui, pendant qu'il s'approchait, il fut si bien enfermé par les troupes américaines sous les ordres du

général Gates, que malgré tout ce qu'il fit pour se
dégager, et les différens combats qu'il livra, il se vit
enfin obligé de signer, le 16 Octobre, une capitulation, par laquelle il se rendit prisonnier de guerre
avec tout ce qui lui restait de troupes, au nombre
de cinq à six mille hommes.

La nouvelle de ce désastre ne fut pas plutôt arrivée en Europe, que la France, qui avait profité des
troubles de l'Amérique pour mettre sa marine sur un
pied respectable, et pour envoyer dans ses colonies
de grands renforts de troupes, ne balança plus un
instant de reconnaître la nouvelle république, en
s'alliant formellement avec elle. Des traités d'alliance
et de commerce furent signés à Paris, le 6 Février
1778, entre cette puissance et les États-unis de l'Amérique. *) La France y exigea comme une condition
principale, que dans aucun traité de paix avec l'Angleterre, les États-unis ne renonceraient à leur indépendance, pour retourner sous l'obéissance de la
Grande-Bretagne, et qu'on ne mettrait bas les armes, que cette indépendance ne soit formellement
assurée. **)

Le ministere britannique se voyant menacé d'une
guerre avec la France, fit passer des bills conciliatoi-
res au parlement. Des commissaires, qui étaient

---

*) Ce double traité se trouve dans le *recueil* de MARTENS, p. 701
et 706. Celui de commerce a été séparément imprimé à Paris à
l'imprimerie royale en 1778.

**) Art. 8 du traité d'alliance, et l'auteur anonyme de *l'abrégé de
la révolution de l'Amérique*, p. 315.

le comte de Carlisle, le gouverneur Johnstone, et William Eden, furent envoyés en Amérique pour traiter avec le congrès. Ils offraient au nom du roi une cessation d'hostilités par terre et par mer, une liberté de commerce illimitée, l'expulsion de toute garnison militaire, le payement des dettes contractées par le congrès ; l'union devait être entretenue par des députés envoyés par les provinces au parlement, et par le parlement au congrès. Ces propositions qui, quelques années auparavant, auraient été reçues avec reconnoissance, furent rejettées avec dédain. Toute confiance était détruite : on se méfiait de la sincérité des offres britanniques, et l'engagement que le congrès venait de contracter avec la France, s'opposait à toutes voyes de conciliation avec l'Angleterre, à moins qu'elle ne reconnût préalablement l'indépendance de l'Amérique.

La notification que fit la cour de France à celle de Londres le 13 Mars, de son traité avec les États-unis, fut le signal de la guerre entre les deux nations.

GUERRE ENTRE LA FRANCE ET L'ANGLETERRE.

Il se donna le 27 Juillet à la hauteur d'Ouessant un combat naval entre le comte d'Orvilliers et l'amiral Keppel, qui ne fut rien moins que décisif.

Une flotte française fut envoyée en Amérique, sous les ordres du comte d'Estaing. À la nouvelle de son arrivée, les Anglais évacuerent Philadelphie, pour se retirer à New-Yorck le 15 Juin. Le congrès retourna dans cette ville, et le premier acte, qui s'y passa, fut l'audience solennelle qu'il accorda le 11 Juillet, à Mr. Gérard, en sa qualité de ministre plénipotentiaire de France auprès des États-unis.

L'amiral français convint avec le congrès d'une attaque combinée de Rhode-Island et de Newport, mais la lenteur que mirent les Américains dans leurs opérations, fit échouer le projet. L'amiral Howe parut avec sa flotte, et le comte d'Estaing alla à sa rencontre. Les Anglais ayant fait des dispositions pour éviter le combat, l'amiral français leur donna la chasse jusqu'au 10 du mois d'Août. Un furieux coup de vent sépara les deux flottes.

Le comte d'Estaing, voyant ses vaisseaux endommagés, et instruit de l'approche de l'amiral Byron, jugea alors à propos d'abandonner l'entreprise de Newport pour se retirer dans le port de Boston. Il y fut bloqué par l'amiral Byron avec une flotte supérieure à la sienne. Enfin cet amiral ayant quitté sa station, le comte d'Estaing, qui se trouvait entierement réparé, sortit du havre de Boston au commencement de Novembre 1778, et fit voile pour l'archipel occidental.

Quant aux autres événemens de la guerre, les Français se saisirent le 7 Septembre de la Dominique; les Anglais prirent Ste. Lucie le 12 Décembre, et délogerent aussi les Français des îles de St. Pierre et Miquelon sur les côtes de Terreneuve, le 24 Septembre. Pondichéry tomba au pouvoir des Anglais, le 16 Octobre, et les Français enleverent aux Anglais leurs établissemens du Sénégal, le 30 Janvier 1779.

Le colonel Campbell entreprit une expédition dans la Géorgie, et après avoir défait les troupes américaines, il s'empara le 29 Décembre de Savannah, capitale de cette province. Secondé depuis par le général Prévot, qui commandait dans la Floride orientale, il acheva de soumettre toute la Géorgie.

La cour de Madrid ne pouvait point se dispenser, d'après les stipulations du pacte de famille, de prendre part à la guerre, qui venait d'éclater entre la France et l'Angleterre. Elle jugea cependant convenable à ses intérêts, avant de se déclarer, de s'interposer comme médiatrice entre les deux puissances ennemies. Cette négociation traîna pendant près de huit mois, mais l'Angleterre n'ayant jamais pu se déterminer à reconnaître les Américains indépendans de fait, comme l'exigeait l'Espagne, la négociation fut rompue et la guerre déclarée entre les deux cours, au mois de Juin 1779. La déclaration espagnole est du 16 du même mois, au lieu que la réponse anglaise à cette déclaration est du 13 Juillet suivant. *)

La flotte espagnole, commandée par Don Louis de Cordoua, s'étant réunie dans le mois d'Août à celle de France, elles formerent ensemble, aux ordres du comte d'Orvilliers, une armée navale de 66 gros vaisseaux de ligne, sans compter les frégates. Jamais rien de si formidable n'avait paru

---

*) Les écrits qui furent alors publiés par la France, l'Espagne et l'Angleterre se trouvent rassemblés dans le *recueil* de Mr. DOHM, intitulé : *Matériaux pour la statistique*, aux Tomes III et IV.

sur les côtes d'Angleterre, qui étaient en même tems menacées d'une invasion. Soixante mille hommes se trouvaient rassemblés à cet effet sur les côtes de Bretagne et de Normandie, avec trois cens navires frêtés pour leur transport ; et l'objet de ces prodigieux armemens était de concentrer les forces britanniques en Europe.

L'Angleterre allarmée s'adressa aux Provinces-unies, pour leur demander les secours stipulés par les traités, et ne put y réussir : toutes ses ressources consistaient en 36 vaisseaux de ligne, commandés par l'amiral Hardy, qui était réduit à se tenir sur la défensive.

La flotte combinée entra dans la Manche ; elle parut trois jours de suite devant Plymouth, et répandit l'allarme sur les côtes de l'Angleterre. Les maladies lui ayant fait perdre beaucoup de monde, les commandans prirent la résolution de sortir du canal. La flotte anglaise ayant alors paru, le comte d'Orvilliers lui donna la chasse. L'amiral anglais dirigea sa marche vers l'île de Wight, entraînant après lui les flottes combinées. On s'attendait à un combat, lorsque les deux flottes se retirerent et retournerent au mois de Septembre dans leurs ports respectifs, sans autre fruit d'un armement aussi dispendieux, que d'avoir bravé l'Angleterre, et enlevé le vaisseau l'Ardent de 64 canons, qui fut intercepté, en allant joindre la flotte anglaise.

En Amérique, le comte d'Estaing fit une tentative pour reprendre Ste. Lucie. Il s'y rendit avec son escadre à la mi-Décembre 1778, et ayant mis les troupes à terre, il attaqua les ouvrages préparés pour la défense de l'île; mais après deux attaques fort vives et fort meurtrieres, qu'il livra au général Grant le 18 Janvier 1779, il fut forcé de faire sa retraite et d'abandonner l'entreprise. Il s'empara depuis au mois de Juin de l'île de St. Vincent, et de la Grenade le 2 Juillet. L'amiral Byron s'étant rapproché à la tête de la flotte anglaise, il se forma le 6 Juillet un engagement partiel entre les deux flottes, dont le succès ne fut pas décisif. L'amiral Byron fut obligé de se retirer, en laissant les Français maîtres de leurs conquêtes.

Le comte d'Estaing entreprit ensuite une expédition dans la Géorgie, pour déloger les Anglais de cette province. Il y débarqua le 9 Septembre, et s'étant réuni au général Lincoln, américain, il mit le siége devant Savannah. Un assaut qu'il livra à cette place le 9 Octobre, lui couta beaucoup de monde, et l'obligea de renoncer à son entreprise. Il se rembarqua avec ses troupes, et retourna en France avec une partie de la flotte.

En Afrique, les Anglais s'emparerent au mois de Mai de l'île de Gorée sur les Français.

Les Espagnols, immédiatement après leur rupture avec l'Angleterre, avaient mis le siége devant Gibraltar. Cette place, bloquée par terre et par mer, risquait d'être prise par le défaut de vivres et de munitions, si les Anglais n'en introduisaient de vive force. Une flotte de vingt-un vaisseaux de ligne, commandée par l'amiral Rodney, fut envoyée dans

la

la méditerranée, pour ravitailler Gibraltar. Cet amiral s'acquitta avec le plus grand succès de sa tâche. Il intercepta d'abord une flotte espagnole, chargée de provisions et de munitions, qui devait se rendre de St. Sébastien à Cadix. Ayant rencontré ensuite une flotte de onze vaisseaux de ligne de la même nation, sous les ordres de Don Juan de Langara, il la força au combat le 16 Janvier 1780, la mit en fuite, et acheva de la réduire. Il pourvut alors Gibraltar de vivres et de munitions, renforça la garnison d'un régiment, et se mit en route pour les Antilles.

À son arrivée, il livra auprès de la Martinique trois combats successifs au comte de Guiche, qui commandait la flotte française. Ces combats, qui se donnèrent le 17 Avril, le 15 et 19 Mai, n'eurent aucune suite remarquable, et la victoire demeura indécise. Le comte de Guiche ne s'occupa plus depuis que de remplir l'objet de sa mission, qui était d'escorter le convoi des îles du Vent à St. Domingue, et de ramener celui de toutes les îles à Cadix.

Dans l'Amérique septentrionale, le général Clinton, s'étant embarqué à New-Yorck, entreprit une expédition dans la Caroline méridionale. Il y forma le 1 Avril le siége de Charles-Town, et s'en rendit maître par capitulation, le 12 Mai. Le lord Cornwallis, qu'il laissa à son départ commandant en cette place et dans la province, se voyant serré de fort près par le général Gates, qui lui était supérieur en forces, prit le parti de l'attaquer à Cambden le 16 Août, et le défit complétement.

En partant pour la Caroline, le général Clinton avait abandonné Rhode-Island; les Français s’en emparèrent le 10 Juillet, sous les ordres du comte de Rochambeau, qui s’y fortifia si bien, qu’il ne fut plus possible aux Anglais de l’en déloger.

Les Espagnols enlevèrent successivement aux Anglais leurs forts sur le Mississipi. Le Fort-mobile, le seul qui leur restait encore, fut réduit le 14 Mars 1780.

Sur ces entrefaites arriva la rupture entre l’Angleterre et la Hollande. Les Anglais voyaient avec peine, que les Hollandais persistaient à leur refuser les secours, qu’ils croyaient pouvoir réclamer en vertu des traités. Ils se plaignaient de la partialité avec laquelle la république, et particuliérement la ville d’Amsterdam, servaient les intérêts de la France et ceux des Américains; ils se recriaient contre la retraite accordée à des corsaires américains dans les ports de la république.

Les Hollandais, à leur tour, reprochaient à l’Angleterre les vexations et les violences accumulées, que les bâtimens marchands de la république ne cessaient d’éprouver de la part des vaisseaux et des armateurs anglais; ils citaient l’insulte faite à leur pavillon par l’attaque hostile du convoi sous les ordres du contre-amiral, comte de Byland, et par la confiscation des vaisseaux enlevés à ce convoi au commencement de Janvier 1780. Ils objectaient la violation manifeste de leur territoire, tant en Europe qu’en Amérique, par des vaisseaux britanniques.

Les esprits se trouvant donc aigris de part et d'autre, il arriva qu'un vaisseau hollandais, qui transportait en Hollande le président du congrès américain, nommé Henri Laurent, fut intercepté par une frégate anglaise, et le président conduit à Londres. Les papiers qu'on trouva sur lui, donnerent à connaitre au ministere britannique, qu'il se négociait un traité de commerce et d'amitié entre la république et les États-Unis, dont le projet avait été arrêté par les ordres et les instructions de Mr. van Berkel, conseiller et pensionnaire de la ville d'Amsterdam, avec un député du congrès.

Les états-généraux désavouerent hautement toute cette négociation, comme s'étant faite sans leur aveu et participation; mais comme ils tardaient de donner à la cour de Londres la satisfaction qu'elle croyait pouvoir exiger, cette cour prit le parti de déclarer la guerre à la république, par un manifeste qu'elle publia le 20 Décembre 1780. En accélérant ainsi sa déclaration de guerre contre les Hollandais, l'Angleterre comptait prévenir leur accession à la neutralité armée, à laquelle ils étaient invités par l'impératrice de Russie, et les empêcher de se couvrir de la protection des puissances du nord.

Immédiatement après cette déclaration de guerre, les corsaires anglais donnerent la chasse aux vaisseaux hollandais, et en enleverent un nombre prodigieux dans les différentes mers. L'amiral Rodney s'empara dès le 13 Février 1781 des îles hollandaises de St. Eustache, de Saba et de St. Martin. St. Eustache surtout, qui servait d'entrepôt de commerce aux Français

et aux Américains pendant cette guerre, était une perte
sensible pour les Hollandais. Quantité de bâtimens qui
s'y trouvaient à la rade, furent pris, avec une flotte
marchande de trente vaisseaux, richement chargés
pour l'Europe. Les habitans furent traités avec la derniere rigueur par Robert Vaughan, qui commandait les
troupes de débarquement. L'amiral Rodney ternit
sa gloire en participant au pillage et aux déprédations
de ce général. Les établissemens hollandais de Dé-
mérary et d'Esséquébo dans le continent de l'Amérique méridionale, furent aussi réduits par l'amiral
Rodney, le 2 Mars 1781.

La flotte marchande de ces républicains, qui allait
dans la Baltique, et qui était escortée par huit vaisseaux de guerre et plusieurs grandes frégates, sous
les ordres de Zoutmann, fut attaquée le 5 Août à
Doggersbank, dans la mer du nord, par le vice-amiral Parker. Les Hollandais avaient une supériorité
d'environ cent canons sur les Anglais. Le combat
fut des plus opiniâtres, et ne cessa que par l'impos-
sibilité où se trouvaient les deux commandans de
faire manoeuvrer leurs vaisseaux désemparés. Parker
retourna en Angleterre sans avoir pu s'emparer de
la flotte hollandaise, et l'escadre de la république
reprit la route du Texel, où elle ramena la flotte
marchande, sans poursuivre son voyage dans la
Baltique.

De tous les établissemens des Hollandais, celui
qui excitait préférablement la convoitise des Anglais,
c'était le Cap de Bonne-espérance. Le commodore
Johnston, qui devait passer avec une escadre aux

Indes orientales, eut ordre de s'en rendre maître. Il fut prévenu par le commandeur Suffren, qui, parti de Brest avec une escadre supérieure à celle du commodore, l'attaqua le 16 Avril auprès de la petite ile de San-Jago, l'une des îles du Cap-verd, et quoiqu'il souffrit beaucoup dans le combat, il arriva cependant au Cap de Bonne-espérance avant la flotte anglaise, prit possession du port et de la colonie, et se rendit delà aux Indes.

Une grande flotte française parut dans les Antilles, sous les ordres du comte de Grasse. Elle rencontra la flotte anglaise, commandée par l'amiral Hood, et l'attaqua le 29 Avril à la hauteur de la Martinique. Hood, qui était inférieur à l'amiral français de sept vaisseaux de ligne, se battit en retraite, et imposa aux Français par la supériorité de sa marche.

La flotte française tourna ensuite contre l'île de Tabago, dont elle fit la conquête. L'amiral Rodney arriva trop tard pour la secourir. Les deux flottes ennemies se trouvant une seconde fois en présence l'une de l'autre, se formerent en ligne de bataille; mais après une vaine parade, elles se séparerent sans coup férir.

La flotte anglaise s'étant alors portée à New-York, pendant que les Français allaient à St. Dominique, le marquis de Bouillé, qui commandait à la Martinique, profita de la circonstance pour surprendre les Anglais à St. Eustache. Il y arriva dans la nuit du 25 Novembre, et quoiqu'il ne pût débarquer que quatre cens hommes, il entreprit, par une heureuse témérité, de forcer les Anglais dans leurs fortifications, et réussit à faire mettre bas les armes à sept cens hommes dans la forteresse même, n'ayant eu que dix soldats tant tués que blessés. Il trouva deux millions de livres sterlings en dépôt chez le gouverneur, et reprit aussi la petite île de St. Martin.

Les Espagnols, sous la conduite de Don Galvez, gouverneur de la Louisiane, assiégeaient depuis longtems Pensacola, capitale de la Floride occidentale. Le colonel Campbell, qui y commandait pour l'Angleterre, fesait une résistance des plus vigoureuses; mais le feu ayant pris à un magazin à poudre et ayant fait sauter le principal ouvrage avancé, cet accident força le- Anglais à capituler et à se rendre prisonniers de guerre le 8 Mai 1781. La Floride rentra alors sous la domination espagnole, dont elle avait été séparée par la paix de 1763.

En Europe, les Espagnols entreprirent la conquête de l'île de Minorque. Le duc de Crillon, à la tête de l'armée espagnole, y débarqua le 23 Août 1781. Il mit le siége devant le fort St. Philippe, regardé comme imprenable, où les Anglais s'étaient retirés. Un détachement français auxiliaire, sous les ordres du général Falkenhayn, arriva le 24 Octobre, pour seconder les Espagnols dans leurs opérations. Le siége traîna en longueur; mais la disette de vivres et de munitions, des brêches faites en différens endroits, et la grande supériorité des assiégeans, obligerent enfin le lord Murray à se rendre par capitulation, signée le 5 Février 1782.

Dans l'Amérique septentrionale, le lord Cornwallis remporta le 15 Mars 1781 à Guilford dans la Caroline septentrionale, une victoire signalée sur le général Gréen, à la suite de laquelle il pénétra dans la Virginie, soutenu par le général Arnold, qui venait d'abandonner le parti des Américains, pour embrasser celui de l'Angleterre. Il se rendit maître de York-Town, qu'il fortifia, et de Glócestre, et fit des incursions jusques dans l'intérieur de cette province.

Bientôt toutes les forces de l'Amérique furent tournées contre ce général. Washington, Rochambeau, Lafayette se réunirent dans la Virginie. Le comte de Grasse amena la flotte française de St. Dominique dans la baie de Chésapéack, et débarqua trois mille hommes, commandés par le marquis de St. Simon. Le lord Cornwallis, attaqué de tous les côtés, fut obligé de se renfermer à York-Town, où il fut assiégé par des forces supérieures. Enfin, après avoir épuisé toutes ses ressources, il demanda à capituler, et se rendit prisonnier de guerre avec toute son armée, au nombre de six mille hommes, le 18 Octobre 1781.

Après la prise de York-Town, le comte de Grasse ramena la flotte française aux îles. Il prit à bord à la Martinique le marquis de Bouillé avec un grand nombre de troupes, et attaqua l'île de St. Christophe. Les Anglais abandonnèrent la capitale, nommée Basseterre, pour se retirer dans la forteresse de Brimston-Hill, où ils furent assiégés par les Français sous les ordres de Bouillé. L'amiral Hood vint au secours de cette place. Il y débarqua ses troupes, sans qu'il fût possible au comte de Grasse de l'en empêcher; mais il fut vigoureusement repoussé par les Français, et obligé d'abandonner son entreprise. Cet échec n'empêcha pas le gouverneur de Brimston-Hill de se défendre jusqu'à la derniere extrémité, et il ne capitula que le 12 Février 1782, pour livrer aux Français les deux îles de St. Christophe et de Mont-Serrat.

La déroute du lord Cornwallis, la perte de Minorque et de St. Christophe entrainerent une révolution dans le parlement britannique, qui devint un acheminement à la paix. L'opposition y emporta la majorité, et demanda au roi la paix avec l'Amérique, et le renvoi des ministres. Le lord North et ses collegues furent obligés de donner leur démission le 20 Mars 1782. Le nouveau ministere fut composé des chefs de l'opposition, tels que le marquis de Rockingham, Charles Fox, et le comte de Shelburne.

Le premier soin de ces nouveaux ministres fut d'aviser aux moyens de rétablir la paix. L'amiral Rodney, auquel on reprochait le pillage de St. Eustache, fut rappellé, et le lord Pigot nommé à sa place; mais avant de quitter, Rodney eut encore le bonheur rare de livrer au comte de Grasse, entre l'île de la Dominique et les Saintes, le fameux combat du 12 Avril 1782, qui le couvrit de gloire. Ayant coupé la ligne des Français, il s'empara de cinq vaisseaux, du Glorieux, du César, de l'Ardent, de l'Hector, et du vaisseau amiral, la Ville de Paris, et amena l'amiral français prisonnier à Londres.

Le blocus de Gibraltar fut converti en siége formel; les Espagnols, après la réduction de l'ile de Minorque, rassemblèrent leurs principales forces devant cette place. La division française, sous les ordres du général Falkenhayn, s'y rendit aussi. Le duc de Crillon ayant le commandement en chef, dirigea les travaux du siége, et les poussa avec la plus grande activité. Une flotte de plus de quarante vaisseaux de ligne, tant français qu'espagnols, entreprit de bloquer la baye. Les efforts extraordinaires des assiégeans, et la défense admirable du général Elliot, gouverneur de la place, fixerent l'attention générale, et attirèrent aussi à ce siége le comte d'Artois et le duc de Bourbon. Les tranchées furent ouvertes dans la nuit du 15 Août.

Le 13 Septembre, on dirigea contre la forteresse des batteries flottantes de l'invention de M. d'Arçon, qui avaient couté des sommes immenses, et qu'on croyait être à l'épreuve du feu; mais le général Elliot réussit à les brûler toutes par une multitude de boulets rouges d'une nouvelle invention, qu'il leur lança. *) La place n'aurait cependant pu résister et eût été réduite à la longue par le défaut de vivres et de munitions, si les Anglais ne l'avaient promptement secourue.

*) Ces boulets étaient faites de maniere qu'ils ne sortaient pas avant que d'être tirés, quelque direction qu'on donnât au canon. Un garçon cloutier allemand, nommé Schwäkendieck, inventa un four construit de façon à pouvoir rougir à la fois une quantité prodigieuse de boulets.

L'amiral Howe eut ordre de passer à Gibraltar avec sa flotte; il y arriva le 11 Octobre, et en effectua le ravitaillement à la vue de la flotte combinée supérieure en forces. Cette flotte, endommagée la veille par une forte tempête, se trouvait dans l'impuissance de sortir pour combattre les Anglais. Elle se mit depuis à la poursuite de leur flotte, qui, après avoir rempli l'objet de sa mission, sortit heureusement du détroit, pour retourner en Angleterre. Elle ne fut atteinte que le 20 Octobre par la flotte combinée, qui lui livra un combat de quelques heures dans l'Atlantique, mais qui n'eut aucune suite. Les Français, ainsi que les Espagnols, rendirent justice à la conduite et à la dextérité de l'amiral anglais. Immédiatement après le ravitaillement de Gibraltar, le siége fut changé de nouveau en blocus.

Les Anglais s'étaient emparés peu à peu dans les Indes orientales, de tous les établissemens des Hollandais sur les côtes de Malabar et de Coromandel. Négapatnam, place importante de ces républicains, sur la côte de Coromandel, tomba au pouvoir des Anglais, par une capitulation qui fut signée le 12 Novembre 1781. Ils perdirent ensuite Trinquemale sur la côte de Ceylan, le 11 Janvier 1782.

Le bailly de Suffren arrivé aux Indes sur ces entrefaites, y raffermit le pouvoir chancelant des Français. Il livra successivement, dans les mers de l'Inde, cinq combats des plus acharnés à l'amiral Hugues, au moyen desquels il maintint l'honneur et la gloire du pavillon français. Ces combats sont du 17 Février, 12 Avril, 6 Juillet, 3 Septembre 1782

et du 20 Juin 1783.   Il reprit aussi Trinquemale sur
les Anglais le 30 Août, et leur enleva quantité de
navires marchands.

NÉGOCIATIONS POUR LA PAIX.

Le changement du ministere britannique, dont
nous avons parlé ci-dessus, prépara les voies à la
paix.   Les nouveaux ministres firent des démarches
pour ménager une paix particuliere avec la Hollande
par l'intervention de la Russie;   mais les états de
Hollande déclarerent, par une résolution du 12 Juin
1782, que la république s'étant engagée d'agir en
tout de concert avec la France, ne pouvait entrer
dans des propositions pour une paix séparée.

Ces ministres ne furent pas plus heureux dans
leurs démarches envers le congrès américain.   Le
général Carleton ayant demandé un passeport pour
un commissaire britannique, qu'il avait ordre d'envoyer à Philadelphie avec des offres de paix, le
congrès, par une résolution du 14 Mai 1782, refusa
le passeport, sans daigner même prendre connaissance
de ces offres.   En effet il n'y avait gueres lieu de
supposer que les États-Unis de l'Amérique se prêteraient à une négociation séparée avec la Grande-
Bretagne, en opposition manifeste de leur traité
d'alliance avec la France, dont le huitieme article
portait expressément, qu'ils ne feraient ni paix ni trêve
sans elle avec cette puissance.

Ces premieres tentatives ayant donc été infructueuses, la cour de Londres prit enfin le parti d'en-

tamer une négociation avec la cour de France. Mr.
Fitz-Herbert, ministre britannique à Bruxelles, se
rendit à Paris au commencement d'Août 1782, muni
de pleins pouvoirs pour traiter de la paix. La France,
qui désirait aussi la paix, accueillit favorablement
les ouvertures du ministere britannique; mais elle
exigea, comme une condition préliminaire, la reconnaissance de l'indépendance américaine par l'Angleterre. L'on croyait assez généralement que cet
article essuyerait les plus grandes difficultés, lorsqu'on
reçut la nouvelle à Paris, par la voie de l'Amérique,
que le général Carleton avait fait l'offre de l'indépendance au congrès américain, en vertu d'un ordre et
des instructions, qui lui avaient été adressés de
Londres, munis du grand sceau de la couronne.
La surprise que cette nouvelle causa à la cour de
France, occasionna l'envoi de M. de Rayneval à
Londres dans le mois de Septembre.

Ce qu'il y eut d'extraordinaire dans cette affaire,
c'est que le ministere britannique, à la tête duquel
se trouvait alors le comte de Shelburne, soutenait
n'avoir aucune connaissance des instructions données
au général Carleton. On soupçonna le feu marquis
de Rockingham, qui avait précédé le comte de Shelburne dans le ministere, d'avoir fait expédier ces
instructions, de concert avec Mr. Fox, et à l'insu des
autres ministres.

Cette démarche, quelque inconsidérée et quelque
peu réfléchie qu'elle fût, mit cependant la cour de
Londres dans la nécessité d'accorder l'indépendance
de l'Amérique, par une résolution qu'elle prit le 24

Septembre 1782. Par là elle écartait le principal empêchement, qui s'opposait à la conclusion de la paix.

Les conférences s'ouvrirent à Paris au mois d'Octobre entre les ministres des puissances respectives,
sous la médiation de l'empereur Joseph II et de l'impératrice de Russie. Le comte de Vergennes fut
chargé des pleins pouvoirs du roi de France, et le
comte d'Aranda de ceux de l'Espagne. L'Angleterre
nomma le duc de Manchester pour sa négociation
avec la France et l'Espagne, et pour celle qui concernait les Hollandais, Mr. Daniel Hayles, écuyer.
Les ministres des états-généraux furent Matthieu
Lestevenon, Seigneur de Berkenrode, et Gerard
Brantsen, bourguemaître de la ville d'Arnheim. L'empereur, en sa qualité de médiateur, se fit représenter
par le comte de Mercy-Argenteau, son ambassadeur
à la cour de France, et l'impératrice de Russie par
le prince Iwan Bariatinskoy. Quant aux États-Unis
de l'Amérique, ce furent d'abord Mr. Franklin, qui
résidait à Paris, et Mr. Adams, ministre des États-
Unis à la Haye, qui furent chargés de cette négociation. Deux nouveaux députés envoyés depuis
par le congrès américain, Jean Jay et Henri Laurens,
se joignirent à Mrs. Adams et Franklin, pour conférer
avec un commissaire particulier, *) que la cour de
Londres avait désigné pour traiter avec les ministres
du congrès. C'est par ces commissaires que les articles préliminaires de la paix entre la Grande-Bretagne et les États-Unis de l'Amérique furent réglés

---

*) Richard Oswald.

à Paris, et signés dès le 30 Novembre 1782, *) avec la clause, qu'ils n'auraient leur force, et qu'ils ne seraient changés en traité définitif, que lorsque les termes de la paix auraient été arrêtés entre la France et l'Angleterre.

La négociation entre les cours de Versailles, de Londres et de Madrid fut de plus longue haleine. L'article des concessions demandées par la France dans l'Indostan essuya surtout des difficultés, que la grande modération de cette cour trouva moyen d'applanir. Le roi d'Espagne croyait pouvoir exiger la restitution de Gibraltar; mais le ministere britannique se roidissait contre cette restitution, qu'il savait déplaire à la nation. Ce fut enfin la cour de France, qui envoya le comte d'Estaing au roi d'Espagne, et qui l'engagea à se désister de sa demande.

Il ne fut pas aussi facile d'accorder les Anglais et les Hollandais. Les Anglais prétendaient conserver les conquêtes, qu'ils avaient faites sur ces républicains aux Indes, et principalement Négapatnam, dont la rade est la meilleure de toute la côte de Coromandel; ils exigeaient en outre une liberté de navigation illimitée dans les mers de l'Inde, et le salut du pavillon britannique par les vaisseaux hollandais, dans toutes les mers. Les Hollandais, outre la restitution des conquêtes, croyaient pouvoir prétendre un dédommagement pour les vaisseaux et effets, que les Anglais leur avaient enlevés.

*) On les imprima séparément à Paris à l'imprimerie royale, et ils se trouvent aussi dans le *Recueil* de MARTENS, T. II. p. 308.

La lenteur, que les Hollandais mettaient dans leurs délibérations, par une suite naturelle de la forme de leur gouvernement, aurait fait traîner encore long-tems la conclusion de la paix, au grand préjudice du commerce des puissances belligérantes. C'est ce qui engagea la France à ne pas différer uniquement pour les Hollandais la signature des préliminaires. Elle eut donc lieu à Versailles le 20 Janvier 1783 entre la France, l'Espagne et l'Angleterre. *) Le roi déclara en même tems, qu'il ne cesserait d'employer ses bons offices pour obtenir une paix honorable à la république, et en attendant on arréta une suspension d'armes entre elle et l'Angleterre.

La négociation fut continuée depuis entre ces deux puissances. Les Hollandais offrirent leurs établissemens à Surate et sur la côte de Sumatra, pour la restitution de Négapatnam, ou bien un équivalent en argent. Ils firent les plus grands efforts pour décliner surtout la liberté de navigation et de commerce exigée par l'Angleterre dans les mers de l'Inde; mais les plénipotentiaires anglais persisterent à ne se relâcher en rien de la rigueur de leurs premieres propositions. Ils déclarerent, qu'ils n'entreraient en aucun arrangement sur ce qui regardait Négapatnam, et que l'Angleterre était décidée à garder cette place. Comme on voyait qu'il ne serait pas possible d'accorder de sitôt les deux nations sur leurs différens, le comte de Vergennes saisit la circonstance de la

*) Ces articles préliminaires furent imprimés séparément à Paris à l'imprimerie royale en 1783; ils se trouvent dans MARTENS Recueil, T. II.

ratification du traité des préliminaires, par le congrès
américain, qui eut lieu à Paris le 13 Août, pour
déclarer aux ministres hollandais, que la conclusion
de la paix définitive entre la France, l'Espagne et
l'Angleterre, ne pouvait plus se différer.

Ces ministres, s'étant fait autoriser alors par les
états-généraux, prirent le parti de signer leur traité
de préliminaires avec l'Angleterre, le 2 Septembre, *)
et la signature de la paix définitive entre la France,
l'Espagne et l'Angleterre eut lieu à Versailles le lendemain, 3 Septembre 1783. Le même jour la paix
définitive entre l'Angleterre et les États-Unis de l'Amérique fut signée à Paris.

Les Hollandais, appuyés par la France, firent
inutilement dans la suite les plus fortes instances auprès
du ministere britannique, pour obtenir des adoucis-
semens à la rigueur de quelques articles du traité
préliminaire; toutes les négociations devinrent inutiles, et il ne fut pas possible d'amener l'Angleterre
à des conditions plus modérées. Le traité préliminaire fut conservé en plein, et changé simplement en
traité de paix définitif, par la signature des ministres
des deux puissances, faites à Paris le 20 Mai 1784.

ARTICLES

---

*) Ce traité de préliminaires entre l'Angleterre et la Hollande se
trouve dans MARTENS *Recueil*, T. II. p. 457.

ARTICLES DU TRAITÉ DE PAIX DÉFINITIF

ENTRE

L'ANGLETERRE ET LES ÉTATS UNIS DE L'AMÉRIQUE,

signé à Paris le 3 Septembre 1783. *)

Le roi de la Grande - Bretagne reconnait les treize États - Unis comme des états libres, souverains et indépendans, tant pour lui que pour ses héritiers et successeurs. Art. 1.

On définit exactement les limites entre les États-Unis de l'Amérique et la Grande-Bretagne par toute l'étendue de l'Amérique septentrionale. Ces limites commencent à la riviere de Ste Croix, au nord de la Nouvelle-Écosse, suivent delà les montagnes, et tombent vers la source de la riviere de Connecticut. Elles traversent cette riviere au 45e degré de latitude, pour joindre celle des Iroquois. Elles suivent le cours de cette derniere riviere pour passer par le milieu des lacs Ontorio, Érié, Huron, du Lac - supérieur, du Lac - long, du lac des Bois, d'où elles joignent la riviere Mississipi. Elles suivent le milieu de cette riviere dans toute sa longueur, jusqu'au 31e degré de latitude septentrionale, d'où elles se dirigent directement à l'Est sur la riviere Apalachicola ou

---

*) Voyez ce traité en français dans SOULÉS *Histoire des troubles de l'Amérique anglaise* à la suite du Tome IV, en anglais dans JENKINSON *Recueil des traités*, T. III. p. 410, et MARTENS, T. II. p. 497.

Catahouche, suivant le cours de cette riviere jusqu'à sa jonction avec la riviere Flint ou Caillou; delà joignant la source de la riviere jusqu'à son embouchure dans l'Océan atlantique.   Art. 2.

Ces limites renferment un continent de plus de soixante et dix mille lieues quarrées d'Allemagne, que son terrain en grande partie fertile et son climat temperé rendent susceptible d'une immense population. Il est d'ailleurs arrosé par quantité de rivieres navigables, et entrecoupé par des lacs d'une prodigieuse étendue, qui facilitent le négoce et le passage des marchandises.   Mais ce qu'on voit avec quelque surprise, c'est que l'Angleterre et les États-Unis se soient partagés, par cet article, des pays qui ne leur appartenaient pas, qui même leur étaient, en grande partie, parfaitement inconnus; des pays enfin qu'habitent des peuples, non policés à la verité, mais libres et indépendans, n'ayant jamais subi ni la domination britannique, ni celle des États-Unis.

On accorde aux Américains le droit de pêche sur les bancs de Terreneuve, dans le golfe de St. Laurent et dans tous les autres endroits de la mer, où les habitans des deux pays ont été jusqu'à présent dans l'habitude de pêcher.   Art. 3.

Cet article, qui établit la liberté de la pêche de la morue en faveur des Américains, leur assure une branche de commerce très-lucrative, dont il sera difficile aux Anglais de soutenir la concurrence.

Les créanciers de part et d'autre ne rencontreront aucun obstacle pour le recouvrement de leurs dettes. Art. 4.

Le congrès recommandera aux différens états de pourvoir à la restitution de la propriété confisquée des sujets britanniques et autres, qui n'ont pas porté les armes contre les États-Unis. Art. 5.

Chacun de ces états étant maître chez lui, le congrès ne pouvait que recommander aux différentes provinces la restitution des biens confisqués sur les Anglais ou sur les Américains loyalistes. Cette restitution cependant n'ayant pas eu lieu, la Grande-Bretagne accorda depuis des terres dans la Nouvelle-Écosse à ceux des loyalistes, qui ont choisi cette colonie pour asyle. Quant aux autres qui ont préféré de se fixer en Angleterre, elle leur accorda en 1785 des dédommagemens pécuniaires.

Il ne se fera plus à l'avenir de confiscation ni de poursuite contre des personnes, qui auraient pris part dans la présente guerre. Art. 6.

On arrête la cessation de toutes hostilités, l'élargissement des prisonniers, l'évacuation des places, la restitution des archives et papiers. Art. 7.

La navigation du Mississipi sera ouverte aux deux nations. Art. 8.

Toutes places prises de part ou d'autre, avant l'arrivée de ces articles en Amérique, seront restituées. Art. 9.

Les ratifications du traité seront échangées dans l'espace de six mois. Art. 10.

ARTICLES DU TRAITÉ DE PAIX DÉFINITIF

ENTRE

LA FRANCE ET LA GRANDE - BRETAGNE,

signé à Versailles le 3 Septembre 1783. *)

La paix est renouvellée, et l'on arrête la cessation de toutes hostilités, un oubli et une amnistie générale. Art. 1.

Tous les traités antérieurs, depuis la paix de Westphalie jusqu'à celle de Paris de 1763, sont renouvellés pour être exécutés dans tous les points, auxquels il n'est pas dérogé par le présent traité. Art. 2.

Tous les prisonniers et les ôtages seront élargis et rendus de part et d'autre sans rançon.   Art. 3.

L'Angleterre est maintenue en la propriété de l'île de Terre-neuve et des îles adjacentes, conformément à l'article 13 de la paix d'Utrecht; à l'exception des îles de St. Pierre et Miquelon, qui sont cédées en toute propriété à la France. Art. 4.

La clause du traité de Paris, qui défendait aux Français la fortification de ces îles, n'est point rappelée.

La France renonce au droit de pêche, qui lui appartenait par l'article 13 du traité d'Utrecht, depuis

---

*) Ce traité fut imprimé séparément à Paris à l'imprimerie royale en 1783. On le trouve dans le *Recueil* de JENKINSON, T. III. p. 334, et dans celui de MARTENS, T. II. p. 462.

le Cap-Bonavista jusqu'au Cap-St. Jean sur la côte orientale de Terre-neuve. La pêche française commencera dorénavant au dit Cap-St. Jean, fera le tour par le nord, et descendra la côte occidentale de Terreneuve, jusqu'à l'endroit appelé Cap-raye. Art. 5.

Les limites assignées par cet article à la pêche française sont plus favorables que n'avaient été celles de la paix de Paris.

La pêche des Français dans le Golfe de St. Laurent reste sur le pied du traité de Paris. Art. 6.

L'Angleterre restitue à la France l'île de Ste Lucie, et lui céde celle de Tabago. Art. 7.

La France restitue à l'Angleterre les îles de la Grenade et les Grenadines, St. Vincent, la Dominique, St. Christophe, Nevis et Mont-Serrat. Art. 8.

L'Angleterre céde à la France la riviere de Sénégal avec les forts St. Louis, Podor, Galam, Arguin et Portendick. L'île Gorée est pareillement restituée à la France. Art. 9.

La France garantit à l'Angleterre la possession du fort James et de la riviere de Gambie en Afrique. Art. 10.

Les Anglais auront la liberté de faire la traite de la gomme depuis l'embouchure de la riviere de St. Jean jusqu'à la baye et fort de Portendick, sans poûvoir y former des établissemens permanens. Art. 11.

L'Angleterre restitue à la France les établissemens qu'elle avait avant la guerre sur la côte d'Orixa et dans le Bengale, et consent que Chandernagor dans le Bengale puisse être entouré d'un fossé pour l'écoulement des eaux. Art. 13.

Des difficultés s'étant élevées sur le sens et l'étendue de cet article, il fut plus amplement expliqué, par une convention particuliere, qui fut signée entre les deux cours à Versailles le 30 Août 1787. En vertu de cette convention, les six anciennes factories, c'est-à-dire Chandernagor, Cossienbuzar, Dacca, Jugdea, Balasore et Patna avec les territoires y appartenans, furent déclarées être sous la protection du pavillon français et sujettes à la jurisdiction française. On y assura également à la France la possession des anciennes maisons Soopore, Keerpoy, Kannicole, Mohumpore, Scrampore, Chittagong et autres, à condition qu'elles reconnaîtront la jurisdiction de la Grande-Bretagne.

Pondichéry est également rendu à la France avec Karikal, et pour arrondissement de Pondichéry, les deux districts de Velantour et de Babour. Art. 14.

Cet arrondissement comprend environ 160 villages, et forme une étendue de 20 à 25 lieues de pays à l'entour.

La France rentrera en possession de Mahé sur la côte de Malabar et de son comptoir à Surate. Art. 15.

L'Angleterre consent à l'abrogation de tous les articles des traités antérieurs, relatifs à Dunkerque. Art. 17.

Par un article séparé il est stipulé, que la langue française, employée dans ce traité, ne pourra tirer à conséquence ni préjudicier à l'une ni à l'autre des puissances contractantes.

ARTICLES DU TRAITÉ DE PAIX DÉFINITIF

ENTRE L'ESPAGNE ET L'ANGLETERRE,

signé à Versailles le 3 Septembre 1783. *)

On arrête le rétablissement de la paix, la cessation de toutes hostilités, un oubli et amnistie générale de part et d'autre. Art. 1.

Tous les traités entre l'Espagne et la Grande-Bretagne, depuis ceux de Westphalie jusqu'à la paix de Paris 1763 inclusivement, sont renouvellés dans tous leurs points, hormis ceux auxquels il est dérogé par le présent traité. Art. 2.

Les prisonniers et les ôtages sont rendus. Art. 3.

L'île de Minorque restera au roi d'Espagne. Art. 4.

L'Angleterre cède à l'Espagne la Floride orientale, pour la joindre à la Floride occidentale. Art. 5.

Il sera permis aux Anglais de couper du bois de teinture ou de Campêche dans les districts situés entre les rivieres de Wallis ou Bellize et de Rio - Hondo, sans que ces concessions puissent nuire aux droits de souveraineté du roi d'Espagne, et sans qu'il soit libre aux Anglais d'y construire des forts. Art. 6.

L'Espagne restitue à l'Angleterre les îles de Providence et de Bahamas, qui sont du nombre des îles Lucayes. Art. 7.

Toutes les autres conquêtes qui pourraient avoir été faites de part et d'autre, seront rendues sans compensation. Art. 8.

*) *Recueil* de JENKINSON, T. III. p. 375. MARTENS, T. II p. 484.

ARTICLES DU TRAITÉ DE PAIX DÉFINITIF ENTRE L'ANGLETERRE ET LA HOLLANDE,

signé à Paris le 20 Mai 1784. *)

Rétablissement de l'ancienne amitié et bonne intelligence, oubli du passé. Art. 1.

Les Hollandais continueront à accorder, comme par le passé, l'honneur du pavillon et le salut en mer aux vaisseaux britanniques. Art. 2.

Les prisonniers et ôtages seront élargis. Les vaisseaux, qui auraient été enlevés après l'expiration du terme fixé par la suspension d'armes, seront rendus. Art 3.

Cession de Négapatnam en faveur de l'Angleterre. Le roi de la Grande-Bretagne fait espérer seulement aux états-généraux de traiter avec eux dans la suite sur la restitution de cette place, moyennant un équivalent. Art. 4.

On jetta cette amorce à la république, pour l'inviter à renouveller tôt ou tard ses liaisons avec l'Angleterre.

Restitutions de Trinquemale et autres villes, forts et établissemens hollandais, dont les Anglais s'étaient emparés pendant la guerre. Art. 5.

Trinquemale avait été reconquise par Mr. de Suffren; mais le bruit courait, que cette place était retombée au pouvoir des Anglais, et c'est ce qui engagea les ministres hollandais à en stipuler expressément la restitution.

*) JENKINSON, T. III. p. 420. MARTENS, T. II. p. 520.

Engagement des états-généraux à ne point troubler la navigation des sujets britanniques dans les mers de l'Inde. Art 6.

C'est-à-dire, dans les mers où les Hollandais avaient maintenu jusqu'alors la navigation et le commerce exclusif. Cet article est le plus fort de tout le traité, et il coûta infiniment aux Hollandais de l'accorder.

On convient de nommer des commissaires pour régler les différens entre la compagnie anglaise de l'Afrique, et la compagnie hollandaise des Indes occidentales, touchant leur navigation réciproque sur les côtes de l'Afrique. Art. 7.

Toutes les autres conquêtes qui pourraient avoir été faites, non comprises dans les présens articles, seront rendues sans compensation. Art. 8.

TRAITÉ DE LA NEUTRALITÉ ARMÉE

DE 1780

ENTRE LES PUISSANCES DU NORD.

Un fruit de la derniere guerre entre la France et l'Angleterre, a été la neutralité armée. Elle fait un point trop important du droit public en Europe, pour la passer ici sous silence.

C'était ci-devant un usage généralement adopté en Europe, que des puissances maritimes, qui se trouvaient en guerre, arrêtaient les bâtimens marchands des nations neutres, et confisquaient, non seulement les munitions de guerre, mais en général toutes les marchandises et effets appartenant à l'ennemi ou à des sujets ennemis, qu'ils trouvaient à bord d'un vaisseau neutre. Cet usage, qui, à dire vrai, n'était qu'un reste de l'ancienne barbarie, exposait les neutres à une infinité d'excès et de violences de la part des armateurs des puissances belligérantes.

Les traités de commerce rédigés successivement entre les puissances maritimes, depuis environ le milieu du dernier siecle, introduisirent enfin un usage contraire. On y déclara libres les marchandises ennemies chargées sur des bâtimens neutres.

Il n'y a que les traités que l'Angleterre a faits avec la Suede et le Danemarc, dans les années 1661 et 1670, qui aient conservé l'ancien principe, suivant lequel les effets ennemis trouvés à bord neutre sont déclarés confiscables. *)

On soutenait également la validité de ce principe, qu'on appelait abusivement droit des gens, à l'égard des puissances avec lesquelles on n'était pas lié par des traités.

Les Anglais se prévalurent de ce prétendu droit des gens, pour troubler le commerce des neutres dans la derniere guerre, et pour empêcher les Français et les Espagnols de se procurer du nord les matériaux, dont ils avaient besoin pour leur marine.

L'impératrice de Russie prit alors la résolution de protéger à main armée la navigation commerçante de ses sujets. Elle fit notifier dans le mois de Mars

*) Voyez les articles 12 de ces deux traités dans DUMONT, *corps dipl.* T. V et VI.

1780 *) aux cours de Versailles, de Madrid et de Londres les principes, qu'elle se proposait d'observer, et dont elle demandait aussi l'observation aux puissances belligérantes. Ces principes étaient:

1°. Que les vaisseaux neutres pourraient naviguer librement de port en port et sur les côtes des nations en guerre.

2°. Que les effets appartenant aux sujets des nations en guerre, seraient libres sur des vaisseaux neutres, à l'exception des marchandises de contrebande.

3°. L'impératrice regardera comme marchandises de contrebande ou prohibées, celles qui sont déclarées telles dans les articles 10 et 11 de son traité de commerce avec la Grande-Bretagne, et elle étendra les obligations de ce traité à toutes les puissances en guerre.

Ce traité de commerce, qui est de 1766, **) déclare marchandises de contrebande, les canons, mortiers, mousquets, pistolets, bombes, grenades, boulets, balles, fusées, pierres à feu, mêches, poudre, salpetre, souffre, cuirasses, piques, épées, ceinturons, gibernes, selles et brides, au de-là de la quantité, qui peut être nécessaire à l'usage du vaisseau, ou des individus qui s'y trouvent.

*) Cette déclaration de l'impératrice de Russie se trouve dans DOHM, *Matériaux sur la statistique*, T. IV. p. 177, et MARTENS, *Recueil des traités*, T. II. p. 74.

**) Voyez ce traité dans le *Recueil* de JENKINSON, T. III. p. 215. et dans les *Loisirs* du chevalier D'EON, T. V. p. 255.

4°. Pour déterminer ce qui caractérise un port bloqué, on n'accordera cette dénomination qu'à celui où il y a, par la disposition de la puissance qui l'attaque avec des vaisseaux arrêtés et suffisamment proches, un danger évident d'entrer.

5°. Ces principes serviront de regle dans les procédures et jugemens sur la légalité des prises.

Rien ne pouvait être plus agréable à la France et à l'Espagne que la neutralité armée, et chacune des deux cours applaudit aux principes établis dans la déclaration de celle de Russie. L'Espagne ajouta, que, si elle s'en était écartée jusqu'à présent, elle ne l'avait fait que forcée par la conduite de l'Angleterre, et pour user de représailles. Quant à l'Angleterre, elle déclara s'en rapporter aux lois des nations et à la teneur des engagemens stipulés dans les traités de commerce.

L'impératrice invita les rois de Danemarc et de Suede à imiter son exemple, en armant des vaisseaux de guerre pour la protection de leurs bâtimens marchands. Ces souverains adresserent aux trois puissances belligérantes des déclarations semblables à celles de l'impératrice de Russie, et signerent le 9 Juillet et le 1 Août 1780 *) des conventions avec cette souveraine, pour le maintien du commerce et de la navigation neutre.

Par ces conventions, qui ont pris depuis le nom de *neutralité armée*, les puissances alliées rappellent de nouveau, et érigent en lois permanentes, les

---

*) DOHM, T. IV. p. 210. 220. MARTENS, T. II. p. 103. 110.

principes établis par l'impératrice dans sa déclaration
adressée aux puissances belligérantes. Chacune des
puissances alliées protégera par des convois, sa navigation commerçante ; mais les vaisseaux de guerre
et les frégates de l'une serviront aussi de soutien et
d'appui aux vaisseaux marchands de l'autre. S'il ar-
rivait, que des vaisseaux marchands de l'une ou de
l'autre des puissances alliées fussent insultés, pillés,
ou pris par les vaisseaux des puissances en guerre,
elles agiront de concert pour obtenir les dédommagemens et réparations convenables, et en cas de refus,
useront de représailles contre la puissance, qui aurait
refusé de rendre justice. Et si l'une ou l'autre des
puissances alliées venait à être attaquée à l'occasion
de ces engagemens, les autres feront cause commune
avec elle.

À cette alliance des trois cours du nord, la reine
de Portugal et les états - généraux des provinces-
unies ont aussi été invités. La reine de Portugal
déclina d'abord la proposition ; mais les états - généraux, après de longues délibérations, firent signer
le 3 Janvier 1781 à St. Pétersbourg l'acte d'accession
par leurs plénipotentiaires. *) Les ratifications de cet
acte ne furent échangées que le 22 Février 1781.
Les Hollandais ne purent cependant pas ressentir les
effets de la neutralité armée, parce qu'avant d'y être
reçus, la Grande - Bretagne leur avait déja déclaré
la guerre.

Plusieurs autres puissances accéderent depuis à
cette neutralité armée, telles que la Prusse, l'empe-

*) DOHM, T. IV. p. 231. MARTENS, T. II. p. 117.

reur, la reine de Portugal, et le roi des deux Siciles. L'acte d'accession du roi de Prusse est daté du 8 Mai 1781; celui de l'empereur du 9 Octobre 1781; celui de la reine de Portugal du 13 Juillet 1782; et celui du roi des deux Siciles du 10 Février 1783. *)

Toutes ces puissances déclarerent dans ces actes, que non seulement elles donnaient leur pleine adhésion aux principes établis par l'impératrice de Russie, mais que dans toutes les occasions elles concourraient efficacement à les maintenir. L'empereur, le roi de Prusse, la reine de Portugal et le roi des deux Siciles adopterent aussi comme marchandises prohibées ou de contrebande, toutes celles qui avaient été déclarées telles par l'impératrice de Russie. Les autres puissances neutres déclarerent au contraire, par leurs actes, vouloir s'en tenir à ce qui était stipulé dans les traités de commerce, qui subsistaient entre elles et l'une ou l'autre des puissances belligérantes. **)

*) Dohm, T. IV. p. 246. 274. Martens, T. II. p. 130. 171. 208. T. III. p. 274.

**) Il y en a de ces traités, qui donnent une extension plus grande, que ne fait le traité de 1766 entre la Russie et la Grande-Bretagne, à ce qu'on appelle *marchandises de contrebande*. C'est ainsi que l'article 26 du traité de commerce entre la France et le Danemarc du 23 Août 1742 comprend sous cette qualification: „ les „ armes tant à feu que d'autres sortes, avec leurs assortimens, „ comme canons, mousquets, mortiers, petards, bombes, gre- „ nades, cercles poissés, affuts, fourchettes, bandoulieres, „ poudre, méches, salpetre, balles, piques, épées, morions „ casques, cuirasses, hallebardes, lances, javelines, chevaux, „ selles de cheval, fourreaux de pistolets, baudriers, et généra- „ lement tous autres assortimens servant à l'usage de la guerre,

Un article séparé de l'acte d'accession du roi de Prusse porte, que les puissances alliées sont convenues, que la mer baltique sera envisagée comme une mer fermée, où les courses des armateurs ne pourront point s'étendre, et où par conséquent toutes les nations pourront naviguer en paix, et jouir de tous les avantages d'un calme parfait. En conséquence de cette stipulation le roi de Danemarc publia une déclaration au mois de Mai 1781, portant que la mer baltique étant par sa situation locale une mer fermée, les vaisseaux armés des puissances en guerre n'y seront point admis, pour y commettre des hostilités contre qui que ce soit. *)

„ de même que le goudron ou poix résine, les voiles, chanvres „ et cordages." Dans la convention signée à Londres le 4 Juillet 1780 entre la Grande - Bretagne et le Danemarc, en explication du traité de commerce de 1670 entre ces deux nations, on comprend au nombre des marchandises de contrebande, outre les articles du traité, dont nous venons de rapporter les termes: „ le „ bois de construction, le cuivre en feuille, et généralement „ tout ce qui sert à l'équippement d'un vaisseau, le fer non ou- „ vragé et les planches de sapin exceptés.

*) MARTENS, T. II. p. 84.

HISTOIRE
DU TRAITÉ DE PAIX
DE FONTAINEBLEAU

ENTRE L'EMPEREUR ET LES PROVINCES - UNIES,

signé le 8 Novembre 1785.

PRÉCIS DES DIFFÉRENS ENTRE L'EMPEREUR ET LES HOLLANDAIS.

Les conditions onéreuses, que les puissances maritimes, dépositaires des Pays-Bas à l'époque de la paix d'Utrecht, avaient dictées à l'empereur, par le traité de la barriere en 1715, exciterent le mécontentement des Flamands, et fournirent matiere à de fréquentes discussions entre la maison d'Autriche et les provinces-unies. N'ayant jamais été terminées définitivement, elles entraînerent enfin de nos jours des voies de fait, et une rupture formelle entre les deux états.

Ce traité ne fut pas sitôt devenu public, que les états de Brabant et de Flandre représenterent à l'empereur, par leurs députés, le préjudice énorme que son exécution allait causer aux peuples des Pays-Bas,

qu'il

qu'il assujettissait en quelque sorte à leurs voisins, les Hollandais. Ils ajouterent, que le même traité se trouvait en opposition manifeste avec les privilèges des provinces, dont il engageait le subside à la république, comme un domaine fixe, pendant qu'il dépendait du libre consentement des états.

Ces représentations engagerent l'empereur à entamer une nouvelle négociation avec les états-généraux, dans la vue d'obtenir quelque adoucissement à la dureté des conditions du traité de la barriere. Le marquis de Prié, ministre plénipotentiaire pour le gouvernement des Pays Bas, chargé des pleins pouvoirs de l'empereur, se rendit à la Haye, et y conclut, le 22 Décembre 1718, une convention avec les ministres du roi de la Grande-Bretagne et des états-généraux, par laquelle quelques articles du traité de la barriere furent changés. *)

L'article premier entre autres de cette convention, substitué à l'article 17 du traité de la barriere, réduisit l'extension des limites de la Flandre, accordée aux états-généraux, à environ un cinquieme de ce qu'elle devait être en vertu du traité de la barriere, et il fut dressé une carte chorographique de ce nouvel arrangement, signé par les ministres respectifs.

Par l'article 6 de la même convention, les états-généraux s'engagerent à remettre à l'empereur, d'abord après l'échange des ratifications, la possession des villes et pays rétrocédés par la France en vertu des traités d'Utrecht, et l'empereur promit pareillement

---

*) DUMONT, *corps dipl.* T. VIII. P. I. p. 551.

de remettre aux états-généraux la possession des terres, qui leur étaient cédés par forme d'extension de limites, en vertu de l'article premier de cette convention.

En conformité de ce traité, l'empereur fut en 1719 mis en possession des pays rétrocédés par la France; quant à la cession des limites de la Flandre, promise aux états-généraux, elle essuya de nouvelles difficultés, qui en arrèterent l'exécution, et toutes les conférences tenues à ce sujet, par la suite du tems, furent infructueuses. Les états-généraux trouverent cependant moyen de se mettre dans quelques contrées en possession des nouvelles limites, et dans les autres les choses en resterent sur l'antien pied.

L'occupation de toutes les places de la barriere par les Français, dans la guerre pour la succession d'Autriche, fournit bientôt un prétexte plausible à la cour impériale, pour se refuser au payement des subsides stipulés en faveur des Hollandais, par le traité de la barriere. Cette matiere ayant été touchée dans les négociations, qui précéderent le traité de paix d'Aix-la-Chapelle en 1748, l'impératrice-reine consentit à recevoir les Hollandais dans les places autrichiennes, où ils avaient eu garnison avant la guerre; mais elle déclara en même tems que l'état des Pays-Bas étant changé, tant par les grandes exécutions des Français que par la démolition des places, qui formaient la barriere, elle était déterminée à ne pas faire payer le subside, jusqu'à ce qu'il eût été pourvu à la sûreté commune par le rétablissement des places, et que les puissances maritimes se fussent prêtées également à la conclusion d'un traité de commerce, conformément à ce qui était porté par l'article vingt-sixieme du traité de la barriere, et par l'article cinquieme du traité de Vienne de 1731, dont elles avaient jusqu'ici éludé l'exécution.

Les Hollandais rentrerent donc, après la paix d'Aix-la-Chapelle, dans les places de la barriere; mais quant aux autres différens, celui de l'extension des limites de la Flandre, et celui du payement de subside, on ne réussit point à s'accorder dans les conférences tenues à ce sujet entre les trois puissances à Bruxelles dans le cours de l'année 1752. L'impératrice-reine persista dans les principes qu'elle avait adoptés, de ne se prêter à la demande des Hollandais relative aux limites et au subside, qu'en tant que les puissances maritimes se concerteraient en même tems avec elle sur le rétablissement des places de la barriere, qu'elles en partageraient la dépense avec elle, et qu'elles consentiraient à un traité de commerce et de tarif sur un pied équitable.

Les choses resterent dans cet état là jusqu'en 1781, où la guerre survenue entre l'Angleterre et la Hollande parut à l'empereur une occasion favorable pour débarrasser entiérement les Pays-Bas autrichiens des chaînes, que le traité de la barriere leur avait imposées. En ordonnant alors la démolition de toutes les places fortes des Pays-Bas, il comprit dans cet ordre les places de la barriere, et enjoignit aux Hollandais d'en retirer leurs troupes. Les états-généraux firent d'autant moins de difficultés de déférer à cette sommation de l'empereur, que dans la situation où ils se trouvaient alors, il ne leur était pas permis de recourir à l'Angleterre, comme puissance garante du traité de la barriere. Ce fut dans le mois de Janvier 1782, que leurs troupes évacuerent successivement toutes ces places.

La facilité avec laquelle ils s'étaient prêtés à cette évacuation, engagea bientôt l'empereur à pousser ses prétentions plus loin contre la république. Il crut pouvoir se départir entiérement des traités de 1715 et 1718, pour exiger que les limites de la Flandre fussent rétablies sur le pied de la convention passée en 1664 entre la cour d'Espagne et les états - généraux.

L'enterrement d'un soldat hollandais de la garnison de Liefkenshoek dans le village de Dendoele, dont la souveraineté était réclamée par les Autrichiens, servit en 1783 de prétexte au gouvernement de Bruxelles, pour mettre ses projets en exécution. Un détachement de la garnison de Gand fut commandé pour déterrer le cadavre, et le jetta en passant dans le fossé du fort de Liefkenshock. Un autre détachement de la garnison de Bruges s'empara le 4 Novembre suivant des forts hollandais de St. Donaes, St. Paul et St. Job, situés le long du canal qui s'étend depuis Bruges jusqu'à l'Écluse, et occupa aussi plusieurs autres places et districts renfermés dans les limites qui avaient été fixées par la convention de 1664.

Les états-généraux s'étant plaints de ces violences, il leur fut répondu, que l'empereur ne reconnaissait d'autres limites de la Flandre, que celles dont on était convenu en 1664, et qu'il envisageait le réglement de 1718, comme étant sans force et sans vigueur. On leur proposa cependant des conférences, qui se tiendraient à Bruxelles, pour terminer à l'amiable tous les différens.

À l'ouverture de ces conférences, au mois d'Avril 1784, les commissaires impériaux présenterent un mémoire intitulé : *Tableau sommaire des prétentions que l'empereur formait à la charge de la république.* Outre le redressement des limites de la Flandre sur le pied de la convention de 1664, l'empereur y exigeait 1.° la démolition de différens forts, en conformité du traité de Munster de 1648. 2.° La suppression du vaisseau de garde hollandais, placé devant le fort Lillo ; toutes les parties de l'Escaut depuis Anvers jusqu'à Saftingen appartenant à sa pleine et entiere souveraineté. 3.° La restitution de quelques villages que les Hollandais s'étaient appropriés comme étant de la mairie de Bois-le-duc, pendant qu'ils appartenaient au quartier d'Anvers. 4.° La restitution des biens de l'abbaye de Postel et du village de ce nom, détenus par les Hollandais sur le même fondement. 5.° La renonciation aux droits de souveraineté prétendus par les Hollandais sur huit villages connus sous le nom de Terres-de-rédemption, et onze autres qu'on nomme les bans de Saint-Servais, ainsi que sur la Terre-d'Argenteau, situés l'une et les autres dans le voisinage de Maestricht. 6. La cession de Maestricht, du comté de Vroenhoven, et du pays d'Outre-Meuse hollandais, en exécution du dix-huitieme article du traité d'alliance, signé le 30 Aout 1673 entre le roi Charles II et les états-généraux.

La république vivement attaquée alors par la France, et menacée même d'une entiere destruction, s'était ménagée, par ce traité, les secours de l'Espagne ; mais au lieu de satisfaire à ses engagemens, elle fit ensuite sa paix particuliere avec la France, et mit l'Espagne qu'elle abandonna, dans le cas de faire encore des sacrifices considérables par la paix signée à Nimégue en 1678. 7.° La répétition de grandes sommes d'argent duës par les états-généraux, soit au souverain, soit à des particuliers des Pays-Bas.

Les états-généraux allarmés par la multiplicité de ces prétentions, s'adresserent à la cour de France, pour en implorer la médiation. Ils firent marcher des troupes à Bréda et à Maestricht, et opposerent aux prétentions de l'empereur toutes celles que la république formait à sa charge, telles que les arrérages de subsides dérivant du traité de la barriere, les frais employés à la fortification de Namur et autres places, le remboursement des sommes avancées sur la Silésie, etc.

Leur mémoire ayant été communiqué au gouvernement de Bruxelles, on vit tout d'un coup la négociation prendre une tournure toute différente. L'empereur déclara au mois d'Août 1784, qu'il se désisterait de toutes ses prétentions, si les états-généraux voulaient accorder l'ouverture et la libre navigation de l'Escaut en faveur de ses sujets, et qu'il leur fût aussi permis de naviguer et de commercer directement aux Indes de tous le ports des Pays-Bas. Il y ajouta que c'était sa derniere résolution, et qu'il était décidé à regarder dès à présent l'Escaut comme libre ; qu'il donnerait ses ordres en conséquence, et qu'il envisagerait la moindre opposition de la part des états-généraux comme une hostilité publique, et comme déclaration de guerre.

Les menaces de l'empereur ne déconcerterent point les états-généraux : en lui refusant hautement sa demande, ils la déclarerent destructive de l'indépendance, comme de la sureté et de la prospérité de la république. Ils ajouterent que cette nouvelle prétention était diamétralement opposée à l'art. 14 de la paix de Munster, qui ordonnait expressément la fermeture de l'Escaut, ainsi qu'à l'art. 5 du traité de Vienne de 1731, qui, en abolissant la compagnie d'Ostende, préscrivait à jamais la cessation de tout commerce des Pays-Bas autrichiens aux Indes. Ils donnerent en même tems ordre au vice-amiral Reynst, de prendre poste avec une escadre à l'embouchure de l'Escaut, et d'empêcher tout passage de vaisseau impérial ou flamand. Désirant aussi de se ménager la protection et l'assistance particuliere de la France, ils ne négligerent rien pour hâter la conclusion de l'alliance, qui se négociait alors entre les deux états ; mais cette cour crut devoir en différer la signature jusqu'au moment de l'entiere décision des différens actuels.

Cependant un brigantin impérial, parti d'Anvers pour tenter le passage de l'Escaut, fut arrêté, le 8 Octobre, à la hauteur de Saftingen par un brigantin hollandais, qui, sur le refus qu'il fit de cingler en arriere, lui tira quelques coups de canon, et lui ayant enfin lâché toute sa bordée, le força d'amener pavillon. Un autre brigantin impérial, envoyé d'Ostende pour remonter l'Escaut, fut arrêté le 15 Octobre par l'amiral Reynst à l'embouchure de ce fleuve, et conduit à Vlissingen.

A la première nouvelle de ces voyes de fait exercées par les Hollandais, l'empereur rappela de la Haye son ambassadeur, le baron de Reischach, et envisageant la guerre comme déclarée, rompit aussitôt les conférences de Bruxelles. Il y a lieu de croire que l'empereur ne s'était pas attendu à une résolution aussi hardie de la part de la république, puisqu'au moment où les coups de canon qui, selon lui, devaient être le signal de la guerre, furent tirés, les Pays-Bas se trouvaient encore dépourvus de troupes, de magazins, et de munitions de guerre. Ce ne fut qu'à cette époque, qu'il donna les ordres nécessaires pour la marche des troupes.

Les deux partis firent également des démarches pour se concilier les autres puissances, et pour les intéresser dans leur querelle. L'empereur allegua dans ses déclarations adressées aux différentes cours, que les infractions multipliées des traités par les Hollandais l'autorisaient à affranchir ses etats d'un esclavage que le traité de Munster leur avait imposé, et dont la stipulation relative à l'Escaut ne quadroit plus du tout avec l'état actuel des affaires de l'Europe. *) Il donna aussi à entendre, que dès qu'il aurait obtenu

*) M. LINGUET publia alors en faveur de l'empereur: *Considérations sur l'ouverture de l'Escaut.* Il a été refuté par MIRABEAU, dans un écrit intitulé : *Doutes sur la liberté de l'Escaut, réclamé par l'empereur.*

la liberté de l'Escaut, il declarerait Anvers port franc.

Les Hollandais se préparerent à une défense courageuse ; ils appelerent le comte de Maillebois pour le mettre à la tête de leurs troupes, et voyant que la cour de France n'épousait que faiblement leurs intérêts, ils firent mine de vouloir renouer leurs anciennes liaisons avec l'Angleterre.

Cependant cette cour, qui s'était d'abord bornée à interposer ses bons offices pour arrêter le feu de la guerre, montra bientôt des dispositions qui semblaient annoncer qu'elle se déclarerait en faveur des Hollandais. Des ordres furent donnés pour la formation de deux armées d'observation, l'une en Flandre et l'autre sur le Rhin. On attribua généralement cette résolution au comte de Vergennes, et à la fermeté qu'il déploya dans le conseil tenu le 7 Novembre. En abandonnant les Hollandais dans les circonstances actuelles, on les mettait dans la nécessité de se jetter de nouveau entre les bras de l'Angleterre, et on perdait le fruit de toutes les mesures qu'on avait prises pour les attacher aux intérêts de la France. Le roi écrivit successivement de sa propre main deux lettres très-pressantes à l'empereur, pour lui faire adopter des vues pacifiques.

Pendant que la cour de France fesait mine de vouloir prendre fait et cause pour la république, les autres puissances resterent spectatrices oisives, et ne prirent aucune part à ce différent. Il n'y eut que l'impératrice de Russie, qui manifesta son zèle pour les intérêts de l'empereur. Elle fit présenter successivement deux notes, le 21 Décembre 1784 et le 7 Mars 1785, par son ministre à la Haye, où, en sa qualité d'amie et d'alliée de l'empereur, elle exhorta les états-généraux de la maniere la plus forte de donner à ce prince toute la satisfaction qu'il était en droit d'exiger.

Néanmoins l'empereur jugea à propos d'accepter la médiation de la France, pour l'accommodement de ses différens avec la république. Les difficultés de toute espece, que lui présentait la guerre des Pays-Bas, devaient autant influer sur sa résolution, que la puissante intervention de la France, et la crainte de se compromettre avec cette alliée. Il n'en persistait pas moins à vouloir soutenir la liberté de l'Escaut; et les préparatifs de la guerre furent continués sans relâche pendant l'hiver de 1784. Enfin il se rendit sur ce point capital de la contestation, et se borna à mettre de nouveau sur le tapis les autres chefs de prétentions, qu'il avait d'abord formés contre la république. Tout ce qu'on lui accorda alors, ce fut l'envoi de deux députés hollandais à Vienne, pour lui faire des excuses au nom des états-généraux sur l'événement de l'Escaut.

Ces députés, qui furent le comte de Wassenaer-Twieckel et le baron van Linden, arriverent à Vienne, et y furent admis à l'audience de l'empereur au mois d'Août 1785. Quoiqu'ils ne vinssent proprement que comme supplians, et qu'ils ne pussent gueres se prévaloir des prérogatives et des franchises accordées à des ministres publics, ils ne laisserent pas de se trouver en contravention aux ordonnances, en se chargeant de marchandises de contrebande, qui furent arrêtées et confisquées à la douane de Vienne, et que l'empereur cependant ne différa pas de leur faire rendre.

NÉGOCIATION POUR LA PAIX.

Quant à la négociation relative aux différens, qui restaient à débattre entre l'empereur et les Hollandais, son point central fut à la cour de France, qui la dirigeait en qualité de puissance médiatrice. Cette négociation fut aussi longue qu'épineuse; elle occupa le ministere de Versailles pendant une grande partie de l'année 1785. L'empereur insista beaucoup sur la cession de Maestricht et des pays d'Outre-Meuse. Il ne se relâcha sur cet objet qu'en exigeant une forte somme d'argent en indemnité, et une autre en réparation des dommages causés par les inondations. *) On fut bien du tems à négocier sur cette somme, que l'empereur consentit enfin à réduire à celle de dix millions de florins, et fixa le 21 Septembre 1785, pour terme péremptoire qui déciderait de la guerre ou de la paix.

Ce terme arrivé, les ministres hollandais, qui ne se trouvaient tout au plus autorisés que pour la somme

---

*) Les Hollandais avaient eu soin de mettre sous l'eau les environs de leurs places fortifiées de la Flandre, afin de les garantir contre les attaques des Impériaux. Les inondations, en embrassant une grande étendue de terrain, avaient causé des dommages considérables aux sujets autrichiens de la Flandre, dont l'empereur demanda la réparation.

de huit millions, invités par le comte de Vergennes à signer avec le ministre impérial les articles préliminaires, n'osaient s'y prêter. Le cas était pressant, et si les ministres hollandais ne pouvaient pas prendre sur eux d'accorder la totalité de la somme exigée, celui de l'empereur soutenait au contraire qu'il ne lui était pas permis d'en rien rabattre. Enfin ce fut la cour de France, qui trancha sur toutes les difficultés, par l'offre vraiment généreuse qu'elle fit de se charger du surplus des huit millions. *)

Les articles préliminaires furent alors signés à Paris le 20 Septembre 1785; mais leur ratification n'en essuya pas moins de grandes difficultés dans les différentes provinces. Trois d'entre elles la refuserent entiérement, et les quatre autres ne la donnerent que

---

*) La province de Zéelande n'avait consenti que cinq millions et demi, et les autres provinces penchaient encore pour moins. Ce fut la faction dominante en Hollande, qui autorisa les ambassadeurs à accorder les huit millions. Cette faction, pour l'exécution de ses projets contre le stadhouderat, brûlait d'envie de se mettre au plutôt sous la sauve-garde de la France, en accélérant la conclusion de la paix, qui devait cimenter l'alliance avec cette couronne. Elle fit depuis accroire aux autres Provinces, que la république ne payait que cinq millions et demi, et que la France se chargeait des quatre millions et demi restans. Un conseiller de la ville de Leyde fit coucher à ce sujet sur les registres de l'hôtel de ville: „Qu'il ne pouvait pas se persuader que „l'acceptation des offres françaises pût se concilier avec la jus„tice et l'équité, ni qu'elle fût conforme aux maximes d'une sage „politique et à la dignité de la république, quelque grand et „quelque pénible que soit le fardeau, qui en résultait pour la „France."

sous de certaines restrictions , qui apporterent de nouveaux délais à la conclusion du traité définitif.

Les Hollandais demandaient entre autres le renouvellement du traité de 1731, et nommément de l'article cinquieme de ce traité, qui excluait les Flamands du commerce des Indes, et qui arrêtait la conclusion d'un traité de commerce entre les deux états. L'empereur refusa hautement de rappeler le traité de 1731 dans sa paix avec les Hollandais; il exigea qu'il n'y fût fait aucune mention de la navigation de ses sujets aux Indes, et qu'on laissât à chacune des deux puissances une entiere liberté de faire chez elle tels réglemens de commerce et de douane qu'elle jugerait à propos.   Les Hollandais furent obligés de se conformer en ce point à la volonté de l'empereur, et la paix définitive fut signée à Fontainebleau le 8 Novembre 1785 *) sous la médiation et la garantie de la France.

Le comte de Vergennes signa cette paix au nom du roi, comme médiateur, le comte de Mercy-Argenteau , ambassadeur de l'empereur à la cour de Versailles, pour et au nom de ce prince dont il était le plénipotentiaire; et pour les états généraux ce furent Mrs. Mathieu Lestevenon , seigneur de Berkenroode, et George Bramsen, bourguemaître de la ville d'Arnheim, qui, en qualité de leurs ambassadeurs et plénipotentiaires, signerent le traité.

---

*) Ce traité fut imprimé à Paris à l'imprimerie royale en 1786. On le trouve aussi dans MARTENS , *recueil*, T. II. p. 602.

ARTICLES DU TRAITÉ.

Paix perpétuelle et amitié sincere renouvellées entre les deux états. Art. 1.

Le traité de Munster du 30 Janvier 1648 est adopté pour base du présent traité, et toutes ses stipulations sont confirmees en tant qu'il n'y est pas dérogé par le traité actuel. Art. 2.

Il s'ensuit que le traité de la barriere de 1715, et celui de Vienne de 1731, sont comme effacés, et qu'il ne sera plus permis dorénavant aux Hollandais de les opposer à l'empereur. Le commerce des sujets Flamands de ce prince pourra donc aussi se renouveller, en tant que les termes du traité de Munster n'y répugneront pas.

Il sera désormais libre aux deux puissances de faire tels réglemens qu'elles voudront pour le commerce, les douanes et les péages dans leurs états respectifs. Art. 3.

Cet article annulle la clause de l'article cinquieme du traité de Vienne de 1731, d'après laquelle ces objets devaient être réglés par un traité de commerce entre les deux états.

Les limites de la Flandre seront rétablies sur le pied de la convention de l'année 1664, par des commissaires qu'on nommera de part et d'autre dans le terme d'un mois après l'échange des ratifications. Art. 4.

Les Hollandais renoncent par cet article à l'extension des limites de la Flandre, telle qu'elle avait été arrêtée en leur faveur par les traités de 1715 et de 1718.

Les deux puissances ne construiront pas de forts, ni n'éléveront des batteries à la portée du canon des forteresses de l'une ou de l'autre. Les forts qui se trouveront dans ce cas, seront démolis. Art. 5.

Les états-généraux s'engagent à faire régler, à la satisfaction de l'empereur, l'écoulement des eaux en Flandre et du côté de la Meuse, afin de prévenir autant que possible les inondations. Art. 6.

Ces mêmes états' reconnaissent le droit de souveraineté absolue de l'empereur sur toute la partie de l'Escaut depuis Anvers jusqu'au bout du pays de Saftingen, et renoncent à la perception et à la levée d'aucun péage et impôt dans cette partie de l'Escaut. Le reste du fleuve, depuis Saftingen jusqu'à la mer, dont la souveraineté continuera d'appartenir aux états-généraux, sera tenu clos de leur côté, ainsi que les canaux du Sas, de Swin et autres bouches de mer y aboutissant, conformément au traité de Munster. Art. 7.

Ce dernier point, qui était le capital, étant accordé, les Hollandais ne firent plus de difficulté de satisfaire l'empereur, et même au-delà de ce que contenaient ses premieres demandes dans le *tableau sommaire.*

Les états-généraux évacueront et démoliront les forts de Cruyschantz et de Frédéric-Henri, et en céderont les terreins à l'empereur. Art. 8.

Le tableau sommaire avait simplement exigé la démolition de ces forts, et non la cession de leur territoire.

Ils évacueront de même et remettront à la disposition de l'empereur, six semaines après l'échange des ratifications, les forts de Lillo et de Liefkenshoek avec leurs fortifications, dans l'état où ils se trouvent. Art. 9 et 10.

Le tableau n'avait exigé que la démolition de quelques ouvrages de ces forts.

L'empereur renonce à ses prétentions aux villages de Bladel et Reusel, en faveur des états - généraux. Art. 11.

Ce sont les villages que l'empereur avait réclamés, comme fesant partie du quartier d'Anvers.

Les états généraux renoncent à toutes prétentions sur le village de Postel ; mais les biens de cette abbaye sécularisés par eux, ne pourront être réclamés par l'empereur. Art. 12.

Des commissaires nommés de part et d'autre dans un mois après l'échange des ratifications, régleront les limites du Brabant. Art. 13.

L'empereur renonce à ses droits et prétentions sur la ville de Maestricht, le comté de Vroenhoven, les bans de Saint-Servais et le pays d'Outre-Meuse, partage des états-généraux. Art. 14.

Les états-généraux payeront, pour l'indemnité des parties susdites, à l'empereur la somme de neuf millions et cinq cens mille florins, argent d'Hollande. Art. 15.

Les

Les états généraux payeront, pour réparation des dommages causés aux sujets de l'empereur par les inondations, la somme de cinq cens mille florins. Art. 16.

Les termes du payement de ces sommes sont réglés dans l'art. 17.

Les états généraux cédent à l'empereur le ban d'Aulne, situé dans le pays de Daelhem, la seigneurie ou chef-ban de Blegny, le Trembleur avec Saint-André, le ban et seigneurie de Bombay, la ville et château de Daelhem avec dépendances, excepté Oost et Cadeir. Art. 18.

En échange de ces cessions, l'empereur cède aux états-généraux les seigneuries de Vieux Fauquemont, Schin-sur-la-Geule, Strucht, celle de Schaesberg, et l'enclave du Fauquemont autrichien ; il renonce à la partie du village de Schimmert, nommé le Bies, ainsi qu'aux parties de bruyeres et de terres réclamées du côté de Heezlen par ceux d'Ubach, etc. Art. 19.

Eu égard à la cession des forts de Lillo et de Liefkenshoek, par les états généraux, l'empereur renonce à ses droits et prétentions sur les villages dits *de Rédemption*, excepté Falais, Argenteau et Hermal, qu'il se réserve en plein, avec cession de tous droits et prétentions sur ces trois villages de la part des états-généraux. Art. 20.

Il est stipulé en faveur des sujets des pays cédés réciproquement, qu'ils puissent s'en retirer, et que ceux qui y resteront, jouiront du libre exercice de leur religion. Art. 21.

Les états-généraux cédent à l'empereur le village de Berneau situé au pays de Daelhem, et qui était resté indivis par le partage du pays d'Outre-Meuse de l'an 1661. Art. 22.

L'empereur cède aux états-généraux le village d'Elsloe situé au pays de Fauquemont, et qui était pareillement resté indivis par le même partage. Art. 23.

Des commissaires nommés de part et d'autre dans le terme d'un mois après l'échange des ratifications, régleront les limites des territoires réciproques au pays d'Outre-Meuse. Art. 24.

Les prétentions pécuniaires de souverain à souverain sont compensées et abolies; et quant à celles que les particuliers auront à réclamer, il sera nommé des commissaires pour les examiner. Art. 25.

On nommera pareillement des commissaires dans le terme d'un mois après l'échange des ratifications, pour déterminer le juste contingent que les états-généraux devront désormais acquitter dans le payement des rentes affectées sur les anciennes aides de Brabant, et en attendant les choses resteront sur l'ancien pied. Art. 26.

Les deux parties renoncent réciproquement, sans aucune réserve, à toutes les prétentions qu'elles pourraient encore avoir l'une à la charge de l'autre, de quelque nature qu'elles puissent être. Art. 27.

Le roi de France est requis par les deux parties contractantes, de se charger de la garantie du présent traité. Art. 28.

Les ratifications des deux puissances contractantes seront échangées dans le terme de six semaines.

à compter du jour de la signature de la paix. Art. 29.

L'acte de garantie du roi est daté de Versailles le 15 Décembre 1785.

ALLIANCE AVEC LES HOLLANDAIS.

Immédiatement après la signature de ce traité de paix, on mit la derniere main au traité d'alliance projetté depuis longtems entre la France et la république. Ce traité fut signé à Fontainebleau le 10 Novembre 1785, deux jours après le traité de paix. *

Il porte la garantie réciproque des possessions actuelles, franchises et libertés des deux états, ainsi que celle des traités de Munster de 1648, et d'Aix-la-Chapelle de 1748, en faveur des Hollandais. Art. 2.

Dès que l'une des puissances alliées sera menacée d'une attaque, l'autre emploira ses bons offices pour prévenir les hostilités, et ramener les choses dans la voie de la conciliation. Art. 3.

Si ces bons offices étaient sans effet, on se donnera des secours réciproques. La France fournira à la république dix mille hommes d'infanterie, deux mille de cavalerie, douze vaisseaux de ligne et six frégates. La république fournira à la France, en cas de guerre maritime, six vaisseaux de ligne et trois frégates, et dans le cas d'une attaque du territoire français, elle fournira son contingent de troupes en

*) Il fut imprimé à Paris à l'imprimerie royale en 1786, et dans Martens, *recueil*, T. II. p. 612.

argent *) sur le pied de 5000 hommes d'infanterie et mille de cavalerie, à moins qu'elle ne préfere de le fournir en nature. Art. 4.

La puissance qui fournira les secours, soit en vaisseaux soit en troupes, les payera et les entretiendra, par tout où son allié les fera agir. Art. 5.

Les puissances alliées tiendront complets et bien armés les vaisseaux, frégates et troupes qu'elles fourniront réciproquement, de sorte que les vaisseaux et frégates, qui pourraient être perdus par les événemens de la guerre, seront aussitôt remplacés par d'autres. Art. 6.

Dans le cas, où les secours stipulés ne seraient pas suffisants, la puissance requise les augmentera successivement, et assistera même son allié de toutes ses forces, si les circonstances le requéraient; mais dans tous les cas, le contingent des états-généraux en troupes de terre, n'excédera pas l'évaluation de vingt mille hommes d'infanterie et de quatre mille de cavalerie. Art. 7.

*) Par un article séparé mille hommes d'infanterie sont évalués à dix mille florins d'Hollande par mois, et mille hommes de cavalerie à trente mille florins par mois.

TABLE CHRONOLOGIQUE

DES

TRAITÉS DE PAIX. *)

Ans de J.C.	Mois.	
1516.	—	Origine de la réformation.
1521.	—	Édit de Worms. Proscription de Luther et de ses adhérens.
1536.	—	Union de Smalkalden.
1546.	—	Guerre de Smalkalden.
1547.	24 Avril.	Bataille de Mühlberg. Défaite de l'électeur Jean-Frédéric de Saxe.
1548.	—	Diete d'Augsbourg. Publication de l'*Interim*.
—	—	Translation de l'électorat de Saxe sur la branche Albertine.

*) On doit prévenir le lecteur que s'il se trouve quelques différences entre les dates de cette table et celles de l'ouvrage même, elles pourraient venir de ce qu'on n'a peut-être pas toujours fait attention au vieux et au nouveau style dans l'une et dans l'autre.

1552. 15 Janv.   Traité de Chambord. Guerre de Maurice contre Charles-Quint. Henri II, roi de France, s'empare de Metz, Toul et Verdun.   •

—   12 Août.   *Transaction de Passau.*

—   fin d'Oct.   Siége de Metz, par Charles-Quint.

1553. 9 Juillet.   Bataille de Sivershausen dans l'évêché de Hildesheim.   Mort de l'électeur Maurice.

1554. 24 Févr.   Traité de Naumbourg.   Jean-Frédéric renonce à l'électorat, dont le retour lui est assuré au défaut des males de la branche Albertine.

1555. 25 Sept.   *Paix de religion d'Augsbourg.*   La religion protestante et la liberté germanique maintenues contre Charles-Quint.

1558.   —   Invasion d'Iwan Wasiliewitsch II dans la Livonie.

1560.   —   Les évéchés d'Oesel, de Wieck ou Rével, et celui de Pilten ou de Courlande passent au roi de Danemarc.

1561. 4 Juin.   La ville de Rével et la noblesse de l'Estonie se soumettent à la Suede.

—   28 Nov.   *Traité de Wilna.* La Livonie se soumet à la Pologne.   Érection du duché de Courlande, en faveur de Gotthard Kettler, dernier grand-maître de Livonie. Guerre entre la Russie et la Pologne ; guerre entre la Russie et la Suede.

1563. — Guerre entre la Suede et le Danemarc.

— — Commencement des troubles des Pays-Bas.

1566. 25 Déc. La Livonie incorporée à la Lithuanie à la diete de Grodno.

1570. — Magnus, prince de Danemarc, déclaré roi de Livonie par le Czar.

— — Treve de trois ans entre les Polonais et les Russes.

— 13 Déc. *Paix de Stettin.* Le roi de Danemarc renonce à la Suede. La Suede renonce à la Norwege, à Jempteland, Herdalen, Scanie, Halland, Bleckingie, Gothland.

1572. — Guerre entre les Suédois et les Russes.

— — Extinction des Jagellons. La couronne de Pologne devient purement élective. Origine des Pacta conventa.

1578. — Étienne Batory, roi de Pologne, s'allie avec les Suédois contre les Russes.

1579.   —   Traité d'union d'Utrecht; base de la liberté des Pays-Bas.

1581.   6 Sept.   Prise de Narva, par les Suédois.

1582.   15 Janv.   *Paix de Kieverowa Horca* entre les Russes et les Polonais. Le Czar céde aux Polonais toutes les places qu'il tenait en Livonie.

1583.   10 Août.   Treve de Plusamund de trois ans entre les Russes et les Suédois.

1584.   —   Gebhard Truchsess est dépouillé de l'électorat de Cologne.

1586.   5 Nov.   Nouveau traité de Plusamund entre les Suédois et les Russes. Prolongation de la treve pour quatre ans.

1590.   —   Guerre renouvellée entre les Suédois et les Russes.

1592.   —   Troubles de Strasbourg.

—   —   Treve de deux ans entre les Suédois et les Russes.

1594.   —   Origine de l'union évangélique à Heilbronn.

1595.   18 Mai.   *Paix de Teusin* entre les Russes et les Suédois. L'Estonie avec Narva cédée à la Suede; Kexholm rendue à la Russie.

1598. — Troubles d'Aix-la-Chapelle. Expulsion des Protestans de cette ville.

— — Extinction de la race des anciens souverains de Russie. Origine des troubles des faux Démétrius.

1600. — Guerre entre les Polonais et les Suédois pour l'Estonie.

1604. — Transaction de Haguenau, relative à l'évêché de Strasbourg.

1607. — Troubles de Donawerth.

1609. 28 Févr. *Traité d'alliance de Wibourg* entre le Czar Schuiskoi et la Suede. Kexholm et la Carelie russe cédées aux Suédois.

— — Treve d'Anvers entre les Espagnols et les confédérés des Pays-Bas.

— 25 Mars. Mort de Jean-Guillaume, dernier duc de Juliers etc. Ouverture de la succession de Juliers.

— 9 Juillet. Lettres de majesté accordées aux protestans de Boheme.

1610. — Union évangélique, consolidée à Hall.

— — Ligue des catholiques, arrêtée à Würzbourg.

1611. — Guerre entre le Danemarc et la Suede.

1613. 20 Janvier. *Paix de Siöröd* entre la Suede et le Danemarc. Cession de l. Lapponie entre Titisfiord et Waranger faite au Danemarc.

1616. 21 Févr. Élection de Michel Romanow. Guerre entre la Russie et la Suede.

— 20 Octob. Préliminaires de paix entre la Suede et la Russie.

1617. 27 Févr. *Paix de Stolbova* entre la Russie et la Suede. Nowgorod rendu à la Russie ; l'Ingrie et Kexholm avec la Carélie russe, cédées à perpétuité à la Suede.

1618. 23 Mai. Défénestration de Prague. Origine des troubles de Boheme et de la guerre de trente ans.

— 11 Déc. *Treve de Dwilina* entre les Russes es les Polonais. Les Polonais conservent Smolensko, Nowgorod-Severskoi et Czernigow.

1619. 19 Août. Déposition de Ferdinand d'Autriche par les états de Boheme.

— 5 Sept. Élection de Frédéric V, électeur Palatin, au royaume de Boheme.

1620. 3 Juillet. Traité d'Ulm. L'union évangélique abandonne le parti du roi de Boheme.

— 2 Nov. Bataille de Prague. Défaite du roi de Boheme, par le duc de Baviere.

1621.   —   Proscription de l'électeur palatin.

1622. 29 Avril.   Bataille de Wiseloch et de Mingelsheim, entre Tilly et Mansfeld.

—   6 Mai.   Défaite du Margrave de Bade à Wimpfen, par Tilly.

—   19 Juin.   Défaite de l'administrateur d'Halberstadt à Höchst, par Tilly et Cordoue.

—   29 Août.   Défaite de Mansfeld et de l'administrateur à Fleurus, par Cordoue.

—   6 Sept.   Prise de Heidelberg et de Manheim, par Tilly.

1623. 25 Févr.   La dignité électorale palatine transférée sur le duc de Baviere.

—   6 Août.   Bataille de Stadlo. Défaite de l'administrateur, par Tilly.

1624. 1 Janv.   Année et jour décrétoires en Empire pour la religion et la possession des biens ecclésiastiques.

—   —   La religion protestante proscrite en Autriche.

1625.   —   *Période Danoise* de la guerre de trente ans. Christian IV, roi de Danemarc, chef du parti protestant.

1626. 7 Janvier. Bataille de Wallhoff entre les Suédois et les Polonais.

1626. 25 Avril.   Défaite du comte de Mansfeld au pont de Dessau, par Wallenstein.

—   27 Août.   Bataille de Lutter. Défaite du roi de Danemarc, par Tilly.

1627.   —   Proscription de la religion protestante en Boheme.

1628. 22 Févr.   Le Haut-Palatinat transféré sur l'électeur de Baviere.

1629. 28 Avril.   Édit de restitution publié par l'empereur.

—   22 Mai.   *Paix de Lubeck* entre l'empereur et le roi de Danemarc.

—   15 Sept.   *Treve d'Altmarck* de six ans entre les Suédois et les Polonais. Les premiers conservent la Livonie et une partie de la Prusse.

1630. 24 Juin.   Gustave Adolphe, roi de Suede, fait sa descente dans l'ile de Rügen. *Période Suédoise* de la guerre de trente ans.

—   Juillet.   Diete électorale de Ratisbonne. L'empereur congédie Wallenstein et licencie une grande partie de ses troupes.

—   13 Octob.   *Paix de Ratisbonne*, qui termine la guerre pour la succession de Mantoue.

1631. Février.   Ligue de Leipsic.

—   6 Avril.   Paix de Quérasque sur la succession de Mantoue.

—   1o Mai.   Sac de Magdebourg, par Tilly.

—   7 Sept.   Bataille de Leipsic, par Gustave Adolphe.

1632. 15 Avril.   Passage du Lech, par Gustave Adolphe. Mort de Tilly.

—   16 Nov.   Bataille de Lutzen, par les Suédois. Mort du roi de Suede.

1633.   Mars.   Assemblée de Heilbronn. Alliance de la Suede avec les quatre cercles supérieurs.

—   —   Guerre renouvellée entre les Polonais et les Russes.

—   18 Octob.   Bataille de Steinau, par Wallenstein.

1634. 25 Févr.   Assassinat de Wallenstein.

—   3 Mai.   Défaite des Impériaux à Liegnitz.

—   15 Juin.   *Paix de Wiazma* entre les Russes et les Polonais. Cession de Smolensko, de Czernigow et de Nowgorod-Severskoi à la Pologne.

—   6 Sept.   Bataille de Nordlingue ; défaite complete des Suédois, par Ferdinand, roi de Hongrie.

1635. 8 Févr.   Traité d'alliance de Paris entre la France et les Hollandais. Partage des Pays-Bas espagnols.

—   19 Mai.   Déclaration de guerre de la France contre l'Espagne. *Période française de la guerre de trente ans.*

—   30 Mai.   *Paix de Prague* entre l'électeur de Saxe et l'empereur Ferdinand II. La Lusace cédée à l'électeur à titre de fief de la couronne de Boheme.

—   11 Juillet.   Alliance de la France avec les ducs de Savoye et de Mantoue. Partage du Milanois entre ces princes.

—   12 Sept.   *Treve de Stumsdorf* entre la Suede et la Pologne, pour vingt-six ans. Restitution des places de la Prusse.

1636. 23 Juin.   Victoire du Tésin, remportée par le duc de Savoye et le maréchal de Créqui, sur les Espagnols.

—   4 Octob.   Bataille de Witstock ; défaite des Impériaux et des Saxons, par Banier.

1637. 10 Mars.   Mort de Bogislas XIV, dernier duc de Poméranie.

—   —   Retraite de Banier devant Torgau.

1638. 17 Déc.   Réduction de Brisac, par le duc Bernard de Weimar, à la suite des victoires de Rheinfeld, de Lauffen-bourg, de Wittenweyer et de Thann.

1639. 14 Avril. Défaite des Impériaux à Chemnitz, par Banier.

— 18 Juillet. Mort du duc Bernard de Weimar.

1640. 15 Nov. Combat de Ziegenhayn.

— 1 Déc. Les Portugais secouent le joug espagnol. Avénement de la maison de Bragance.

1641. Janvier. Entreprise de Banier sur Ratisbonne. Sa savante retraite par la Boheme.

— 10 Mai. Mort de Banier.

— 1 Juin. Alliance de la France avec le nouveau roi de Portugal.

— 29 Juin. Bataille de Wolffenbüttel, par les Suédois et les Weimariens.

— 19 Sept. Les Catalans se soumettent à la France.

— 25 Déc. *Préliminaires de Lübeck et de Hambourg.*

1642. 17 Janv. Défaite des Impériaux à Kempen, par Guébriant.

— 31 Mai. Bataille de Schweidnitz, par Torstenson.

— 2 Nov. Bataille de Leipsic, par Torstenson.

1643. 19 Mai. Victoire de Rocroy sur les Espagnols, par le duc d'Enghien.

— — Guerre entre la Suede et le Danemarc. Expédition de Torstenson de-

puis la Moravie jusques dans la Cher-
sonese cimbrique.

1643. 24 Nov.   Mort du maréchal de Guébriaut
à Rothweil.

— 24 et 25 Nov. Défaite de l'armée Weimarienne
à Dutlingen en Suabe.

1644. 3, 5, 9 Août. Le duc d'Enghien et le vicomte
de Turenne forcent les Bavarois dans
leurs retranchemens devant Fribourg.

—   4 Déc.   Premieres propositions de paix présentées à Munster et à Osnabruck.

1645. 24 Févr.   Bataille de Jancowitz, par Torstenson.

—   5 Mai.   Bataille de Marienthal. Turenne
surpris par le général Mercy.

—   Juin.   Propositions sérieuses pour la paix
faites à Munster et à Osnabruck, de-
puis l'arrivée du comte de Traut-
mannsdorff et du duc de Longueville
au congrès.

—   3 Août.   Bataille d'Allersheim ou de Nordlingue, par le duc d'Enghien et Tu-
renne. Mort du général Mercy.

—   23 Août. *Paix de Bremsebrö.* Cession de
Jempteland, Herdalen, Halland,
Gothland, Oesel et de l'immunité du
Sund à la Suede.

1648.

1648. 30 Janv. *Paix particuliere de Munster* entre les Espagnols et les Hollandais. L'indépendance de ces républicains reconnue par les Espagnols.

— 7 Mai. Bataille de Susmershausen, par le général Wrangel.

— 26 Juillet. Surprise de la petite ville de Prague, par le général Koenigsmarck.

— 30 Août. Bataille de Lens, par le prince de Condé.

— 24 Octob. *Paix de Westphalie*, signée à Munster et à Osnabruck. Affermissement de la liberté germanique et du système de l'équilibre. Cession de l'Alsace à la France. Cession d'une partie de la Poméranie, de l'île de Rügen et des duchés de Bremen et de Verden à la Suede.

1654. 6 Janv. Les Cosaques de l'Ukraine révoltés contre les Polonais, se soumettent à la Russie. Guerre entre la Russie et la Pologne.

— 16 Juin. Abdication de la reine Christine de Suede. Avénement des rois de la maison des Deux Ponts.

— 25 Août. Siége d'Arras par les Espagnols. Défaite des Espagnols et du prince de Condé, par Turenne.

1655.   Avril.   Les Anglais font la conquête de la Jamaïque sur les Espagnols.

—   —   Charles X, roi de Suede, déclare la guerre à la Pologne.

1656. 17 Janv.   Traité de Koenigsberg; l'électeur Frédéric-Guillaume, en sa qualité de duc de Prusse, reconnaît la supériorité de la Suede.

—   28 Juillet.   Bataille de Varsovie entre les Polonais et le roi de Suede, assisté de l'électeur de Brandebourg.

—   24 Octob.   Treve de Wilna entre la Russie et la Pologne. Le czar Alexis-Michaïlowitsch attaque la Suede.

—   10 Nov.   Traité de Liebau, qui annulle le lien vassalitique du duché de Prusse envers la couronne de Suede.

1657. 23 Mars.   Traité d'alliance de Paris entre la France et l'Angleterre contre l'Espagne.

—   27 Mai et 28 Juill.   Alliance entre la Pologne, l'empereur et le Danemarc contre la Suede.

—   19 Juin.   Victoire des Suédois sur les Russes à Walck en Livonie.

—   19 Sept.   *Traité de Wélau.* La souveraineté de la Prusse ducale est reconnue par le roi et la république de Pologne.

1658. 9 Févr.   Fameux passage des Belts par le roi de Suede.

— 18 Févr.   Préliminaires de Tostrup entre la Suede et le Danemarc.

— 8 Mai.   *Paix de Roschild* entre la Suede et le Danemarc. Cession de la Scanie, de la Bleckingie, du baillage de Bahus, de Drontheim et de Bornholm, à la Suede.

— 12 Mai.   *Traité de Copenhague.* Le roi de Danemarc reconnaît la souveraineté de la portion ducale du Sleswic.

— —   Guerre renouvellée entre les Russes et les Polonais.

— 14 Juin.   Victoire des Dunes, par Turenne.

— 18 Août.   Siége de Copenhague, par le roi Charles X.

— 29 Octob.   Combat naval dans le Sund entre les flottes suédoise et hollandaise.

— 20 Déc.   Treve de Wallisaar de trois ans entre les Suédois et les Russes.

1659. 21 Mai.   Traité de la Haye entre la France, l'Angleterre et la Hollande, pour le maintien de l'équilibre du Nord.

— fin d'Octob.   Congrès de Pähesteculla en Livonie.

1659. 7 Nov.   *Traité de paix des Pyrénées* entre la France et l'Espagne. Cession des comtés de Roussillon et de Conflans, de l'Artois et d'une partie de la Flandre, du Hainault et du Luxembourg. Mariage de l'infante Marie-Thérése avec le roi.

1659. 14 Nov.   Défaite de l'armée suédoise dans la Fionie, par les alliés.

1660. 23 Févr.   Mort de Charles-Gustave, roi de Suede.

—   3 Mai.   *Paix d'Oliva* entre la Suede, la Pologne, l'empereur et l'électeur de Brandebourg.   Cession de la Livonie à la Suede.

—   27 Mai.   *Paix de Copenhague.* Confirmation de celle de Roschild, à l'exception que Drontheim et Bornholm, sont rendus au Danemarc.   La souveraineté du Slesvic confirmée en faveur du duc de Holstein-Gottorp.

1661.   —   Alliance entre l'Angleterre et le Portugal.

—   28 Févr.   Traité de Paris avec le duc Charles IV de Lorraine ; restitution du duché de Bar.

—   21 Juin.   *Paix de Kardis* entre la Russie et la Suede.   Le traité de Stolbova confirmé.

—   6 Août.   *Paix de la Haye* entre les Portugais et les Hollandais.

1662. 6 Févr. Traité de Montmartre ; cession
du duché de Lorraine à la France.

1663. 8 Juin. Bataille d'Almexial ou d'Estremoz,
gagnée par les Portugais sur les Espagnols.

— 1 Sept. Traité de Nomény entre Louis XIV
et le duc Charles IV de Lorraine.

1664. 3 Août. Bataille de St. Gouthard, par Montecuculi, contre les Turcs.

— 17 Sept. *Paix de vingt ans, conclue à Témes-
war*, entre l'empereur et la Porte.
Cession de la forteresse de Neuheu-
sel et de Grand Waradin aux Turcs.

1665. 17 Juin. Bataille de Montesclaros ou de
Villa viciosa, gagnée par les Portugais
sur les Espagnols.

— 14 Nov. Loi royale de Danemarc. La succession héréditaire et le pouvoir absolu déférés au roi.

1667. 30 Janv. *Treve d'Andrussow* entre la Russie
et la Pologne. La Russie conserve
Smolensko avec la Sévérie, Czernigow, les Cosaques au-de-là du Dnéper, et Kiovie.

— 16 Mai. Guerre pour le droit de dévo-
lution.

1668. 28 Janv. *Triple-alliance* entre la Hollande,
l'Angleterre et la Suede, pour la

conservation des Pays - Bas espagnols.

1668. 13 Fevr.   *Paix de Lisbonne* entre l'Espagne et le Portugal. Ce dernier royaume est déclaré indépendant de la monarchie espagnole.

—   2 Mai.   *Paix d'Aix-la-Chapelle.* Cession de Douai, Lille etc. à la France.

1669. 7 Mai.   *Paix de la Haye* entre le Portugal et les états - généraux. Ces derniers conservent leurs conquêtes dans les Indes.

1670. 17 Mars.   Traité de Kadzyn, par lequel la treve d'Andrussow, est renouvellée.

—   —   Les Français s'emparent du duché de Lorraine.

1672. 7 Avril.   Déclaration de guerre contre la Hollande. L'Angleterre et la Suede, alliées de la France.

—   9 Avril.   Traité de Moscou, qui renouvelle ceux d'Andrussow et de Kadzyn.

—   7 Juin.   Combat naval de Solbay.

—   12 Juin.   Passage du Rhin près du fort de Schenck, par Louis XIV.

—   —   Guerre entre la Pologne et les Turcs. La Russie y prend part pour les Polonais.

1673. 6 Juin.   *Paix de Vossem* entre l'électeur de Brandebourg et le roi de France.

— 7 Juin.   Combat naval sur les côtes de Hollande.

— 14 Juin.   Combat naval sur les côtes de Zeelande.

— 21 Août.   Combat naval du Texel, par Ruyter.

— 30 Août.   Alliance entre les Hollandais, l'empereur et le roi d'Espagne, contre la France.

1674. 19 Févr.   *Paix de Westmunster* entre l'Angleterre et la Hollande.

— Juin.   L'Empire prend part dans la guerre contre la France.

— 16 Juin.   Bataille de Sintzheim dans le Palatinat, par Turenne.

— 11 Août.   Bataille de Senef dans le Brabant, par le prince de Condé.

— 4 Octob.   Bataille d'Ensheim ou de Holtzheim, par Turenne.

— 29 Déc.   Combat de Mühlhausen, par Turenne.

1675. 5 Janv.   Combat de Turckheim en Alsace, par Turenne.

— 18 Juin.   Défaite des Suédois à Fehrbellin, par l'électeur de Brandebourg.

1675. 10 Juillet.   *Traité de Rendsbourg.* Le duc de Holstein-Gottorp forcé par le roi de Danemarc, de renoncer à la souveraineté du Slesvic.

—   27 Juillet.   *Turenne* tué à Saspac.

—   14 Déc.   Défaite des Danois à Lunden en Scanie.

1676.   —   Ouverture du congrès de Nimégue.

—   —   *Paix de Zurawno* entre la Pologne et les Turcs. Cession de Kaminiec et de la Podolie aux Turcs. Les Russes continuent la guerre.

1677. 11 Avril.   Bataille de Montcassel, par le duc d'Orléans.

1678.   —   Tököly se met à la tête des mécontens de Hongrie.

—   11 Août   *Paix de Nimégue* entre la France et la Hollande.

—   17 Août.   Prolongation de la treve d'Andrussow pour treize ans.

—   17 Sept.   *Paix de Nimégue* entre la France et l'Espagne. Cession de la Franche-Comté et des villes de Valenciennes, Condé, Bouchain, Cambray, St. Omer etc.

1679. 5 Févr.   *Paix de Nimégue* entre la France, l'empereur et l'Empire. Cession de Fribourg en Brisgau à la France.

1579.   5 Févr.   *Paix de Zell* entre la France, la
                   Suede et les ducs de Brunswic-Lune-
                   bourg.   Restitution de Bremen à la
                   Suede.

—   29 Mars.   *Paix de Nimégue* entre la France,
                   la Suede et l'évêque de Munster. Res-
                   titution de Verden à la Suede.

—   29 Juin.   *Paix de St. Germain en Laye* entre
                   la France, la Suede et l'electeur de
                   Brandebourg.   Restitution de la Po-
                   méranie suédoise.

—   2 Sept.   *Paix de Fontainebleau* entre la Fran-
                   ce et le roi de Danemarc.   Restitu-
                   tion de Wismar, de l'ile de Rügen
                   et des villes de la Suede.   Rétablis-
                   sement du duc de Holstein-Gottorp.

—   26 Sept.   *Paix de Lunden en Scanie* entre la
                   Suede et le Danemarc.   Le duc de
                   Holstein-Gottorp rétabli dans la sou-
                   veraineté du Slesvic.

—   12 Octob.   *Paix de Nimégue* entre les Suédois
                   et les Hollandais.

1680.   Mars.   Arrêts des chambres de réunion.
                   La France réunit la totalité de l'Al-
                   sace.

—   —   Treve de douze ans entre les Turcs
                   et la Russie.

1681. 30 Sept.   Strasbourg se rend par capitulation.

—   16 Octob.   Mort de *Montecuculi.*

1682.   —   Guerre déclarée à la maison d'Autriche, par la Porte.

1683. 31 Mars.   Alliance de Varsovie entre l'empereur et la Pologne contre les Turcs.

—   14 Juillet.   Siége de Vienne, par le grand-visir Kara Mustapha.

—   12 Sept.   Bataille de Vienne. Jean Sobieski, roi de Pologne, réuni au duc Charles de Lorraine, force les Turcs dans leurs retranchemens devant cette ville.

—   9 Octob.   Victoire de Parkan en Hongrie, par le duc de Lorraine et le roi de Pologne.

—   5 Nov.   Prise de Courtray, par les Français.

—   11 Déc.   Les Espagnols déclarent la guerre aux Français.

1684. 5 Mars.   Accession de la république de Venise au traité d'alliance entre l'empereur et la Pologne.

—   22 Juillet.   Bataille de Bude. Défaite des Turcs par les Autrichiens.

—   15 Août.   *Treve de Ratisbonne* entre la France, l'empereur, l'Empire et l'Espagne.

1684. — Le roi de Danemarc se saisit de nouveau de la portion ducale du Slesvic.

1685. 16 Mai. Ouverture de la succession de la branche électorale palatine de Simmern.

— 16 Août. Victoire de Strigonie, par le duc de Lorraine.

— 2 Sept. Prise de Bude, par le duc de Lorraine.

1686. 9 Juillet. Ligue d'Augsbourg, connue sous le nom de récez d'association d'Augsbourg.

— 6 Mai. *Paix de Moscou* entre la Russie et la Pologne. Les dispositions de la treve d'Andrussow confirmées. Alliance entre la Russie et la Pologne contre la Porte.

— 2 Sept. Prise de Bude par le duc de Lorraine, à la suite de différentes victoires sur les Turcs.

— 11 Déc. Mort du *grand Condé*.

1687. — La Russie prend part à la guerre des puissances chrétiennes contre les Turcs.

— — Congrès d'Altona sur les affaires du Holstein.

1687. 12 Août.   Bataille de Mohacz, par le duc de
                  Lorraine.

—   —   Conquête de la Transilvanie, par
                  l'empereur.

—   fin d'Octob. Diete de Presbourg; le royaume
                  de Hongrie est declaré hérédiraire
                  en faveur de la maison d'Autriche.

1688. 19 Mai.   Prise d'Albe-royale, par le général
                  Caraffa.

—   7 Juillet. Prise de Belgrade, par l'électeur de
                  Baviere.

—   19 Juillet. Élection de Cologne.

—   10 Sept.   Guerre d'Allemagne; invasion des
                  Français dans le Palatinat.

—   26 Nov.   Louis XIV déclare la guerre aux
                  Hollandais.

1689.   Janv.   Le Palatinat et les villes qui sont
                  situées le long du Rhin, saccagées par
                  les troupes françaises.

—   12 Mai.   Alliance entre l'empereur et les
                  Hollandais contre la France. L'An-
                  gleterre, l'Espagne et le duc de Sa-
                  voye y accédent.

—   30 Juin.   *Paix d'Altona.* Rétablissement du
                  duc de Holstein-Gottorp.

—   24 Sept.   Bataille de Nissa, par le prince
                  Louis de Bade. Prise de Nissa.

1689. 6 Octob. Combat de Widdin. Prise de cette ville.

1690. 24 Janv. Joseph, élu roi des romains.

— 18 Avril. Mort du duc Charles V de Lorraine.

— 1 Juillet. Bataille de Fleurus , par Luxembourg.

— 10 Juillet. Combat naval auprès du cap de Beveziers, par le comte de Tourville.

— 18 Août. Bataille de Staffarde , par Catinat.

— Sept Oct. Le grand-visir Kiuperli reprend Nissa, Widdin et Belgrade.

1691. 9 Avril. Prise de Mons.

— 19 Août. Victoire de Salankemen , par le prince Louis de Bade. Le grand-visir Kiuperli tué.

— 18 Sept. Combat de Leuse , par Luxembourg.

1692. 29 Mai. Combat naval de la Hogue. Retraite de Tourville.

— 5 Juin. Prise de Namur.

— 3 Août. Bataille de Steinkerque , par Luxembourg.

1693. 29 Juillet. Bataille de Neerwinden ou de Landen, par Luxembourg.

— 4 Octob. Bataille de Marsaglia, par Catinat.

1694. 27 Mai.   Victoire de Ter, par le maréchal de Noailles.

—   22 et 23 Juillet.   Bombardement de Dieppe, par les Anglais.

1695.   4 Janv.   Mort du maréchal de *Luxembourg*.

—   4 Août.   Guillaume III reprend Namur.

1696. 18 Juin.   Combat naval de Jean Barth contre les Hollandais.

—   28 Juillet.   Siége et prise d'Azoff, par Pierre le grand. Origine de la marine russe.

—   29 Août.   *Paix de Turin* entre la France et le duc de Savoye. Cession de Pignerol au duc de Savoye.

—   —   Conférences de Pinneberg sur les affaires du Holstein.

1697. 9 Mai.   Ouverture du congrès de Ryswic.

—   7 Août.   Les Français prennent Barcelonne.

—   11 Sept.   Victoire de Zentha, par le prince Eugene.

—   20 Sept.   *Paix de Ryswic* entre l'Angleterre, l'Espagne, la Hollande et la France.

—   30 Octob.   *Paix de Ryswic* entre la France, l'empereur et l'Empire. Cession de Strasbourg. Cassation de toutes les réunions, faites hors de l'Alsace. Le simultanée conservé dans tous les en-

droits restitués. Restitution du duc
Léopold de Lorraine.

1698. 11 Octob. *Premier traité de partage, signé à la*
Haye, entre la France , l'Angleterre
et la Hollande. Joseph - Ferdinand,
prince électoral de Baviere, déclaré
héritier présomptif de la monarchie
espagnole.

—   14 Nov.   Commencement des conférences
de Carlowitz.

—   25 Déc.   Treve de deux ans entre Pierre le
grand et les Turcs , signée à Carlowitz. Le Czar conserve Asoff et ses
dépendances.

1699. 26 Janv.   *Paix de Carlowitz* de l'empereur ,
de la Pologne et de la république de
Venise avec la Porte. La Hongrie
(excepté Temeswar et Belgrade), la
Transilvanie et l'Esclavonie restent à
l'empereur ; la république de Venise
conserve la Morée, et les Turcs rendent aux Polonais Kaminiec et la
Podolie.

—   8 Févr.   Mort du prince Joseph Ferdinand
de Baviere.

—   16 Juill. et 11 Nov. Alliance du czar Pierre le
grand avec les rois de Danemarc et
de Pologne contre la Suede.

1699. 12 Déc.   *Traité de Varsovie* entre la Pologne et l'électeur de Brandebourg.

1700. 13 Mars.   *Second traité de partage*, *signé à Londres*, entre la France, l'Angleterre et la Hollande. L'archiduc Charles déclaré héritier présomptif de la monarchie espagnole. Le royaume des deux Siciles, le Guipuscoa et la Lorraine adjugés au Dauphin.

— Mars.   Commencement de la grande guerre du nord. Le roi de Danemarc attaque le duc de Holstein-Gottorp.

— 13 Juillet.   *Treve de trente ans* entre Pierre le grand et les Turcs, arrêtée à Constantinople. Les Russes conservent Azoff et la liberté de la mer noire.

— 18 Août.   *Paix de Traventhal* entre la Suede et le Danemarc. Le duc de Holstein-Gottorp rétabli dans tous ses droits en conformité des traités antérieurs.

— 2 Octob.   Testament de Charles II, roi d'Espagne, en faveur de Philippe d'Anjou.

— 1 Nov.   Mort de *Charles II*, dernier mâle de la branche d'Autriche, regnante en Espagne.

1700. 14 Nov.   Proclamation de Philippe d'Anjou en Espagne.

—   30 Nov.   Bataille de Narva, par Charles XII.

—   Déc.   Lettres patentes de Louis XIV, pour le droit de réversion de Philippe d'Anjou au trône de France.

1701. 18 Janv.   Origine de la royauté de Prusse.

—   5 Févr.   Introduction des troupes françaises dans les Pays-Bas espagnols.

—   5 Avril.   Commencement de la guerre pour la succession d'Espagne en Italie.

—   14 Avril.   Arrivée de Philippe d'Anjou à Madrid.

—   9 Juillet.   Le prince Eugene bat les Français près de Carpi.

—   19 Juillet.   Défaite des troupes Saxonnes près de Riga, par Charles XII.

—   1 Sept.   Les Français essuyent un échec auprès de Chiari dans le Bresciano.

—   7 Sept.   Alliance de la Haye entre l'empereur, la Hollande et l'Angleterre contre la France et l'Espagne. Plusieurs puissances y entrent successivement.

—   16 Nov.   Mort du roi Jacques II. Reconnaissance de Jacques III par Louis XIV.

1702.   1 Févr.   Surprise de Crémone, par le prince Eugene.

—   19 Mars.   Mort de *Guillaume III.*

—   15 Mai.   L'empereur, l'Angleterre et les Hollandais déclarent la guerre à la France et à l'Espagne.

—   19 Juillet.   Défaite des Saxons près de Clissow en Pologne, par Charles XII.

—   26 Juillet.   Défaite du général Visconti à Santa Vittoria, par Vendome.

—   15 Août.   Bataille de Luzzara entre le prince Eugene et le duc de Vendome.

—   10 Sept.   Prise de Landau, par le prince de Bade.

—   30 Sept.   L'Empire arrête la guerre contre la France.

—   12 Octob.   Combat de Friedlingen, par Villars.

—   22 Octob.   Destruction de la flotte française dans le port de Vigo, par le duc d'Ormond.

—   22 Octob.   Prise de Nötebourg, par le czar, qui l'appela depuis Schlüsselbourg.

1703.   1 Mai.   Défaite de la cavalerie saxonne près de Pultusk, par Charles XII.

—   4 Mai.   Prise de Nyenschantz en Ingrie, par le czar.

1703. 16 Mai.   Le roi de Portugal accede à la grande alliance.

— 27 Mai.   Fondation de St. Pétersbourg.

— 30 Juin.   Combat d'Eckern, par Boufflers.

— 20 Août.   Prise de Narva, par les Russes.

— 20 Sept.   Bataille de Höchstett ou de Schwen-ningen, par Villars.

— 25 Octob.   Le duc de Savoye entre dans la grande alliance.

— 14 Nov.   Bataille de Speirbach, par Tallard.

— 16 Nov.   Prise de Landau, par Tallard.

1704. 2 Juillet. Combat de Schellenberg, par Marlborough et le prince de Bade.

— 12 Juillet. Stanislas Lesczinsky élu roi de Pologne, après la déposition d'Auguste II.

— 4 Août.   Prise de Gibraltar, par les alliés.

— 9 Août.   Prise de Narva, par Pierre le grand.

— 13 Août.   Bataille de Höchstett (Blindheim), par Marlborough et le prince Eugene.

— 24 Août.   Combat naval de Malaga.

— 30 Août.   Alliance entre le czar et la confédération de Sendomir.

— 1 Octob.   L'archiduc Charles arrive en Espagne.

1704. 9 Nov.   Bataille de Punice. Défaite des Russes et des Polonais, par les Suédois.

—   24 Nov.   Prise de Landau, par le roi des Romains.

1705. 16 Août.   Bataille de Cassano entre Vendome et le prince Eugene.

—   9 Octob.   Prise de Barcelone, par les alliés. La Catalogne et le royaume de Valence tombent au pouvoir de l'archiduc.

—   18 Nov.   *Paix de Varsovie* entre la Pologne et la Suede.

1706. 13 Févr.   Défaite des Saxons à Frauenstadt, par le général Reinschild.

—   23 Mai.   Bataille de Ramillies, par Marlborough. Conquête des Pays-Bas espagnols.

—   16 Juin.   Les Portugais prennent Madrid et y proclament l'archiduc.

—   7 Sept.   Bataille de Turin, par le prince Eugene. Les Français chassés de l'Italie.

—   24 Sept.   *Paix d'Altranstätt* entre Auguste II et Charles XII. Auguste II renonce au trône de Pologne.

—   29 Octob.   Victoire de Kalitsch, par le roi Auguste, sur les Suédois.

1707.   4 Janvier. Mort du prince *Louis de Bade*.

—   25 Avril.   Bataille d'Almanza dans le royaume de Castille, par le duc de Berwick.

—   Mai.   Villars s'empare des lignes de Stoll-hofen.

—   Juillet.   Conquête du royaume de Naples, par les Impériaux.

—   22 Août.   Levée du siége de Toulon, par les alliés.

1708.   30 Juin.   Proscription du duc de Mantoue. Le duché de Mantoue confisqué par l'empereur.

—   7 Juillet.   Combat d'Oudenarde, par Marlborough et le prince Eugene.

—   7 Juillet.   Le duc de Savoye investi pour lui et ses descendans mâles de la partie du duché de Montférat et du Milanais, qui lui avait été assurée par la grande alliance.

—   15 Août.   Le vice-amiral Leack s'empare de l'ile de Sardaigne.

—   29 Sept.   Stanhope prend Port-Mahon et l'ile de Minorque.

—   29 Sept.   Bataille de Liesna, par le czar. Défaite du général Löwenhaupt.

—   23 Oct.   Prise de Lille, par les alliés.

1709.   7 Mai.   Défaite du général Galloway à Badajoz, par le marquis de Bay.

—   28 Mai.   Projet de préliminaires, signé à la Haye, par les ministres des alliés.

—   8 Juillet.   Bataille de Pultawa : 14,000 Suédois prisonniers transportés en Sibérie. Charles XII se sauve en Turquie. Décadence de la Suède.

—   9 Juillet.   Les alliés s'emparent de Tournay.

—   8 Août.   Le roi Auguste déclare nulle l'abdication qu'il avait faite du trône de Pologne.

—   11 Sept.   Bataille de Malplaquet, par Marlborough. Mons se rend aux alliés.

—   Octob.   Renouvellement de l'alliance entre le roi Auguste, le roi Frédéric IV de Danemarc et le czar.

1710.   Mars.   Conférences de Gertruydenberg. On y reprend les préliminaires de la Haye.

—   17 Avril.   Mort de l'empereur Joseph I.

—   31 Mai.   Traité de neutralité pour les provinces suédoises en Empire, signé à la Haye entre la France, l'empereur et la Hollande.

—   25 Juin.   Prise de Douai et de plusieurs autres villes, par les alliés.

1710. 27 Juillet. Combat d'Almenara, par le général Stanhope.

— 20 Août. Bataille de Saragosse, par le général Stahrenberg.

— Août, Sept. Révolution dans le ministere et le parlement d'Angleterre. Les Wighs remplacés par les Torys.

— 28 Sept. L'archiduc entre à Madrid.

— 21 Nov. La Porte, par les intrigues de Charles XII, déclare la guerre à la Russie.

— 9 Déc. Affaire de Brihégua. Le général Stanhope fait prisonnier avec toute sa colonne.

— 10 Déc. Victoire de Villa-viciosa, par Vendome, sur le comte de Stahrenberg. Les Impériaux repoussés dans la Catalogne.

1711. 21 Juillet. *Paix de Falczi sur le Pruth* entre les Russes et les Turcs. Restitution d'Azoff, par Pierre le grand.

— 8 Octob. *Préliminaires de Londres* entre la France et l'Angleterre.

1712. Janvier. Nouvelle rupture entre les Russes et les Turcs.

— 12 Janv. Le commandement ôté à Marlborough et conféré au duc d'Ormond.

1712. 29 Janv.　Ouverture du congrès d'Utrecht.

— 23 Févr.　Mort de *Catinat*.

— 16 Avril.　*Paix de Constantinople* pour vingt-cinq ans entre les Russes et les Turcs.

— 11 Juin.　Mort de *Vendome*.

— 17 Juillet.　Séparation des troupes anglaises de l'armée des alliés.

— 24 Juillet.　Victoire de Denain, par Villars, sur le comte d'Albemarle.

— 19 Août.　Suspension d'armes entre la France et l'Angleterre.

— 20 Déc.　Bataille de Gadebusch, par le général Steenbock.

1713. 14 Mars.　*Traité d'Utrecht* pour l'évacuation de la Catalogne et la neutralité de l'Italie.

— 11 Avril.　*Paix d'Utrecht* entre la France et l'Angleterre. La France et l'Espagne ne pourront jamais être unies. Comblement du port de Dunkerque.

— 11 Avril.　*Paix d'Utrecht* entre la France et le Portugal.

— 11 Avril.　*Paix d'Utrecht* entre la France et le roi de Prusse. Cession d'une partie de la Gueldre au roi de Prusse, et de la principauté d'Orange à la France. La France reconnait la dignité royale du roi de Prusse.

1713. 11 Avril.   *Paix d'Utrecht* entre la France et le duc de Savoye.   Cession de la Sicile.

—   11 Avril.   *Paix d'Utrecht* entre la France et la Hollande.   Les Pays-Bas mis en dépôt entre les mains des Hollandais.

—   17 Avril.   *Pragmatique sanction de l'empereur Charles VI.*

—   Mai.   Invasion de la Finlande par les Russes.

—   16 Mai.   Capitulation des Suédois à Tönningen.   L'armée de Steenbock prisonniere de guerre.

—   24 Juin.   *Paix d'Andrinople pour vingt-cinq ans* entre la Russie et la Porte.

—   13 Juillet.   *Paix d'Utrecht* entre l'Espagne et l'Angleterre.   Cession de Gibraltar et de Port Mahon.

—   13 Août.   *Paix d'Utrecht* entre l'Espagne et la Savoye.   Droit de succession en Espagne assuré à la maison de Savoye.

—   6 Octob.   *Traité de Schwed* entre le roi de Prusse et les alliés du nord. La ville de Stettin et une partie de la Poméranie suédoise sont livrées au roi de Prusse.

1713. 26 Nov.   Conférences du prince Eugene et de Villars à Rastadt.

1714. 7 Févr.   Les Danois maîtres de Tönningen et de tous les états du duc de Holstein-Gottorp.

— 6 Mars.   *Paix de Rastadt* entre l'empereur et la France.

— 10 Juin.   Ouverture du congrès de Bade.

— 27 Juillet.   Défaite de la flotte suédoise près de Hango, par le czar.

— 7 Sept.   *Paix de Bade* entre la France, l'empereur et l'Empire. Cession de Landau à la France.

— Nov.   Retour de Charles XII à Stralsund de la Turquie.

— Déc.   Les Turcs déclarent la guerre aux Vénitiens.

1715. 6 Févr.   *Paix d'Utrecht* entre le roi d'Espagne et le Portugal.

— Févr.   Nouvelle alliance entre le Danemarc, la Prusse et les électeurs de Saxe et d'Hanovre contre le roi de Suede.

— 17 Mai.   Bremen et Verden cédés à l'électeur d'Hanovre par le roi de Danemarc.

— Juin et Juill.   Conquête de la Morée par les Turcs.

1715. 26 Juin.   *Paix d'Utrecht* entre l'Espagne et les Hollandais.

—   15 Nov.   *Traité de la barriere*, signé à Anvers, entre l'empereur et la Hollande.

—   12 Déc.   Prise de Stralsund par les alliés du nord.

1716.   9 Avril.   Alliance de l'empereur avec les Vénitiens contre les Turcs.

—   19 Avril.   Prise de Wismar.

—   —   Prise de Cajanebourg, derniere place de Finlande, par le czar.

—   4 Août.   Victoire de Peterwaradin, par le prince Eugene, sur les Turcs.

—   24 Octob.   Prise de Temeswar, par le prince Eugene.

1717.   4 Janv.   *Triple-alliance de la Haye* entre la France, l'Angleterre et la Hollande, opposée aux projets du cardinal Albéroni.

—   16 Août.   Victoire de Belgrade, par le prince Eugene.

—   22 Août.   Les Espagnols envahissent l'île de Sardaigne, dont ils dépouillent l'empereur.

—   22 Août.   Prise de Belgrade.

1718.   26 Mai.   Ouverture des négociations d'Aland.

1718. 21 Juillet.   *Paix de Passarowitz* entre l'empereur, les Vénitiens et les Turcs. Cession de Temeswar, de Belgrade, d'une partie de la Servie, de la Vallachie et de la Bosnie, par les Turcs.

— Juillet.   Les Espagnols s'emparent de la Sicile sur le duc de Savoye.

— 2 Août.   *Quadruple alliance.* La Sicile donnée à l'empereur, la Sardaigne au duc de Savoye ; l'expectative du grand-duché de Toscane et des duchés de Parme et de Plaisance assure à Don Carlos.

— 11 Août.   Défaite de la flotte espagnole sur les côtes de la Sicile, par l'amiral Bings.

— 18 Nov.   Accession du duc de Savoye au traité de la quadruple-alliance.

— 11 Déc.   Mort de *Charles XII.*

1719. —   Armistice entre la Suede et la Pologne, par une convention secrete entre le roi Auguste et la cour de Suede.

— Juin.   Les Français entrent en Espagne.

— 20 Nov.   *Paix de Stockholm* entre la Suede et le roi de la Grande-Bretagne. Cession de Bremen et de Verden.

1720. 21 Janv.   Alliance défensive entre la Suede

et la Grande-Bretagne, signée à Stockholm.

1720. 21 Janv.   *Paix de Stockholm* entre la Suede et le roi de Prusse. Cession de la ville de Stettin et du district de la Poméranie entre l'Oder et la Peene.

—   26 Janv.   Le roi d'Espagne accepte et signe la quadruple-alliance.

—   2 Mai.   Nouvelle forme de gouvernement en Suede. · Limitation du pouvoir royal.

—   3 Juin et 3 Juill. *Paix de Stockholm et de Friedrichsbourg* entre la Suede et le Danemarc; la Suede renonce à l'immunité du Sund et à la protection du duc de Holstein-Gottorp.

—   7 Août.   Défaite de la flotte suédoise près Gränhamn, par le prince de Gallizin.

—   —   Le duc de Savoye prend possession de la Sardaigne.

—   16 Nov.   *Paix perpétuelle de Constantinople* entre les Russes et les Turcs.

1721. 30 Août.   *Paix de Nystett en Finlande* entre la Suede et le czar. Cession de la Livonie, de l'Estonie, de l'Ingrie et de la Carélie. Restitution de la Finlande à la Suede.

1721. 22 Octob.   Le czar Pierre le grand accepte le titre d'empereur de toutes les Russies.

1722. Avril.   Ouverture du congrès de Cambray.

—   27 Juin.   Mort de *Marlborough*.

—   19 Déc.   Érection de la compagnie d'Ostende, par l'empereur.

1724. 24 Mars.   Alliance de Stockholm entre la Russie et la Suede , en faveur du duc de Holstein-Gottorp.

1725. 8 Févr.   Mort de *Pierre le grand*.

—   Avril.   Renvoi de l'infante d'Espagne. Rupture du congrès de Cambray.

—   30 Avril.   *Premiere paix de Vienne* entre l'empereur et le roi d'Espagne.   Garantie de la pragmatique sanction , par l'Espagne.

—   30 Avril.   *Alliance de Vienne*.

—   7 Juin.   *Paix de Vienne* entre l'Espagne, l'empereur et l'Empire.

—   3 Sept.   *Alliance d'Hanovre*.

1726. 16 Avril.   L'empereur Charles VI accede à l'alliance de Stockholm.

—   6 Août.   Alliance étroite entre la Russie et la maison d'Autriche. L'impératrice de Russie accede à l'alliance de Vienne.

1727. 31 Mai. *Préliminaires de Paris.* Suspension de la compagnie d'Ostende.

1728. 14 Juin. Congrès de Soissons.

1729. Mai et Juin. *Paix* arrêtée entre le roi de Suede et le roi Auguste comme électeur de Saxe, par des déclarations réciproques.

— 9 Nov. *Paix de Séville* entre l'Espagne, la France, l'Angleterre et la Hollande.

1731. 20 Janv. Mort d'Antoine Farnese, dernier duc de Parme.

— 16 Mars. *Traité d'alliance de Vienne* entre l'empereur, l'Angleterre et la Hollande. L'empereur renonce à la compagnie d'Ostende. Garantie de la pragmatique sanction autrichienne, en faveur de l'empereur.

— — Don Carlos prend possession des duchés de Parme et de Plaisance.

1732. 7 Octob. *Paix* arrêtée entre la Suede et la Pologne, par une déclaration donnée *à Varsovie.* La paix d'Oliva renouvellée.

— 26 Mai. *Traité de Copenhague* entre l'empereur, la Russie et le roi de Danemarc, pour la garantie de la pragmatique sanction et pour les affaires du Holstein.

1733.   1 Févr.   Mort d'*Auguste II*, roi de Pologne, électeur de Saxe.

—   12 Sept.   Élection de Stanislas Lesczinsky au trône de Pologne.

—   26 Sept.   Alliance entre la France, l'Espagne et le roi de Sardaigne, en faveur de Stanislas.

—   5 Octob.   Élection d'Auguste III.

—   10 Octob.   Déclaration de guerre contre l'empereur.

—   29 Octob.   Prise du fort de Kehl.

—   24 Nov.   Convention de neutralité pour les Pays-Bas avec les Hollandais.

1734.   25 Mai.   Bataille de Bitonto, par le duc de Montemar.

—   12 Juin.   Mort du maréchal de *Berwick*, tué au siége de Philippsbourg.

—   17 Juin.   Mort du maréchal de *Villars* à Turin.

—   29 Juin.   Bataille de Parme.   Défaite du comte de Mercy.

—   18 Juillet.   Prise de Philippsbourg, par le maréchal d'Asfeld.

—   19 Sept.   Bataille entre Guastalla et Luzzara; défaite du comte de Koenigseck.

1735.   Juin.   Arrivée sur le Rhin d'un corps Russe de 10,000 hommes sous les ordres du comte de Lascy.

1735. 3 Juillet. Don Carlos se fait couronner à Palerme roi des deux Siciles.

— 3 Octob. Signature des *préliminaires de Vienne* entre la France et l'empereur.

1736. 15 Avril, 1 Mai, 6 Août. Accession du roi d'Espagne, du roi des deux Siciles, et du roi de Sardaigne, aux préliminaires de Vienne.

— 21 Avril. Mort du prince *Eugene.*

— 23 Avril. La Russie déclare la guerre à la Porte.

— 1 Juin. Prise des lignes et de la ville de Pérékop, par le feld-maréchal Munich.

— 4 Juillet. Prise d'Azcff, par les Russes.

1737. 4 Mai. Mort de Ferdinand, dernier duc de Courlande de la maison des Kettler. Ernest-Jean de Biren, duc de Courlande.

— — L'empereur Charles VI se déclare pour la Russie contre la Porte.

— 9 Juillet. Mort de Jean-Gaston, dernier grand-duc de Toscane de la maison de Médicis. Avénement de François-Étienne de Lorraine.

— 13 Juillet. Prise d'Oczakow, par les Russes.

— 4 Août. Défaite des Impériaux à Banialuka en Bosnie.

— 16 Août. Congrès de Niemirow.

1738.   4 Juillet.   Bataille de Cornia, gagneé par les Impériaux sur les Turcs.

—   15 Août.   Prise d'Orsowa, par les Turcs.

—   18 Nov.   *Paix définitive de Vienne.* Cession de la Lorraine à la France, du royaume des deux Siciles à Don Carlos, du grand-duché de Toscane au duc de Lorraine, de Parme et de Plaisance à l'empereur, du Novarais et du Tortonais au roi de Sardaigne. Garantie de la pragmatique sanction autrichienne par la France.

1739.   3 Févr., 21 Avril.   Accession du roi de Sardaigne, des rois d'Espagne et de Naples à la paix définitive de Vienne.

—   23 Juillet.   Défaite des Impériaux à Krotzka, par le grand-visir.

—   27 Juillet.   Siége de Belgrade, par les Turcs.

—   30 Juillet.   Combat de Panczova entre les Turcs et les Impériaux.

—   28 Août.   Victoire de Stawoutschane près de Choczim, par le feld-maréchal Munich. Conquête de Choczim et de la Moldavie.

—   18 Sept.   *Paix de Belgrade* de l'empereur et de la Russie avec les Turcs. Restitution de Belgrade, de la Servie, de la Wallachie et de la Bosnie par l'empereur.   Les Russes rendent toutes leurs conquêtes, et renoncent derechef à la mer noire.

1740. 20 Octob.   Mort de *Charles VI.* Fin de la descendance mâle de la maison d'Habsbourg-Autriche. Guerre pour la succession d'Autriche.

—   Déc.   Invasion du roi de Prusse dans la Silésie.

1741. 10 Avril.   Bataille de Molwitz; conquête de la Silésie par le roi de Prusse.

—   2 Mai.   Convention sur les limites entre les Autrichiens et les Turcs.

—   18 Mai.   Alliance de la France et de l'Espagne avec l'électeur de Baviere.

—   1 Août.   Guerre déclarée à la Russie par la Suede.

—   3 Sept.   Action de Wilmanstrand en Finlande, par le feld-maréchal Lascy.

—   26 Nov.   Prague pris par escalade, par le comte Maurice de Saxe.

1742. 24 Janv.   Élection de l'empereur Charles VII.

—   1 Févr.   *Convention de Turin* entre la reine de Hongrie et le roi de Sardaigne.

—   17 Mai.   Bataille de Czaslau, par le roi de Prusse.

—   11 Juin.   *Préliminaires de Breslau* entre la reine et le roi de Prusse.

1742. 28 Juillet. *Paix de Berlin.* Cession de la Silésie au roi de Prusse.

— 4 Sept. Capitulation de Helsingfort. Les Suédois vuident la Finlande.

— 7 Sept. Accession de l'électeur de Saxe à la paix de Berlin.

— 16 Déc. Le maréchal de Belleisle sort de Prague pendant la nuit.

1743. Mars. Ouverture du congrès d'Abo.

— 27 Juin. Armée pragmatique. Bataille de Dettingen.

— 7 Août. *Paix d'Abo* entre la Russie et la Suede. La Finlande en de-là de la riviere de Kyméné cédée à la Russie.

— 13 Sept. Traité d'alliance de Worms entre la reine et le roi de Sardaigne.

— 20 Déc. Alliance entre la reine et l'électeur de Saxe.

1744. 14 Mars et 27 Avr. La France déclare la guerre au roi d'Angleterre et à la reine. Invasion des Pays-Bas autrichiens par les Français.

— 22 Mai. Traité d'union de Francfort.

— 2 et 3 Juill. Passage du Rhin, par le prince Charles de Lorraine.

— Août. Le roi de Prusse fait une invasion dans la Boheme.

1744. 30 Sept.   Bataille de Coni, par l'infant Don Philippe et le prince de Conti.

—   5 Nov.   Prise de Fribourg, par les Français.

1745. 8 Janv.   Alliance de Varsovie entre le roi de la Grande Bretagne, la reine de Hongrie, le roi de Pologne comme électeur de Saxe, et les Hollandais.

—   20 Janv.   Mort de l'empereur Charles VII.

—   15 Avril.   Bataille de Pfaffenhofen en Baviere.

—   22 Avril.   *Paix de Fuessen* entre la reine et l'électeur de Baviere.

—   11 Mai.   Bataille de Fontenoy, par le maréchal de Saxe.

—   4 Juin.   Bataille de Hohenfriedberg, par le roi de Prusse.

—   13 Sept.   Élection de l'empereur François I à Francfort.

—   30 Sept.   Bataille de Sorr ou de Trautenau, par le roi de Prusse.

—   Nov.   Invasion du roi de Prusse dans la Saxe.

—   15 Déc.   Bataille de Kesselsdorf, par le prince de Dessau.

—   17 Déc.   Prise de Dresde, par le roi de Prusse.

—   25 Déc.   *Paix de Dresde* entre la reine, le roi de Prusse et l'électeur de Saxe, confirmative des traités de Breslau et de Berlin.

1746. 27 Avr.　Bataille de Culloden en Écosse. Défaite du prétendu prince de Galles, par le duc de Cumberland.

— 16 Juin.　Les Français et les Espagnols défaits à Plaisance, vuident la Lombardie.

— 5 Sept.　Les Autrichiens se rendent maîtres de Gênes.

— 11 Octob.　Bataille de Raucoux, par le maréchal de Saxe.

— 5 Déc.　Révolution de Gênes. Les Autrichiens en sont chassés.

1747. 19 Janv.　Siége d'Antibes, levé par les alliés.

— 17 Avril.　Les Français attaquent la Flandre hollandaise. Rétablissement du stadhouderat.

— 2 Juillet.　Bataille de Lawfeld, par le maréchal de Saxe.

— 16 Sept.　Prise de Berg-op-Zoom, par le maréchal de Loewendahl.

1748. 13 Avril.　Siége de Maestricht, par le maréchal de Saxe.

— 30 Avril.　*Préliminaires de la paix*, signés à Aix-la-Chapelle.

— Juillet.　Une armée Russe, sous les ordres du prince Repnin, arrive en Franconie.

1748. 18 Octob. *Paix d'Aix-la-Chapelle* entre la France, l'Angleterre et la Hollande. Cession de Parme, de Plaisance et de Guastalle à Don Philippe, infant d'Espagne. L'Espagne, l'impératrice-reine, le duc de Modène, la république de Gênes, le roi de Sardaigne accèdent successivement à la paix.

1750. 25 Avril. *Traité de Copenhague* entre la Suede et le Danemarc, sur les affaires de Holstein.

— fin de Sept. Conférences entre la France et l'Angleterre à Paris, sur les limites de l'Acadie.

— 30 Nov. Mort du *maréchal de Saxe* à Chambord.

1751. — Adolphe-Frédéric, roi de Suede. Avénement de la maison de Holstein-Gottorp au trône de Suede.

1755. 8 Juin. Les Anglais attaquent deux vaisseaux de guerre français à la hauteur du cap Raz de l'île de Terreneuve.

1756. 16 Janv. *Traité d'alliance de Londres* entre l'Angleterre et le roi de Prusse.

— 1 Mai. *Traité d'alliance de Versailles* entre la maison d'Autriche et la France.

1756. 20 Mai.   Combat naval de Mahon de Mr. de la Galissoniere contre l'amiral Byng.

—   9 Juin.   Déclaration de guerre de la France contre l'Angleterre.

—   28 Juin.   Prise de Port-Mahon, par le maréchal de Richelieu.

—   29 Août.   Le roi de Prusse envahit la Saxe.

—   1 Octob.   Bataille d Lowositz, par le roi de Prusse.

—   17 Octob.   Capitulation des Saxons au camp de Pirna.

1757.   —   L'Empire, la France, la Russie, la Suede se réunissent à la maison d'Autriche et à l'electeur de Saxe contre le roi de Prusse.

—   21 Avril.   Combat de Reichenberg, par le prince de Bevern.

—   6 Mai.   Bataille de Prague, par le roi de Prusse.

—   18 Juillet.   Bataille de Colin, par le maréchal Daun.

—   26 Juillet.   Bataille de Hastenbeck, par le maréchal d'Éstrées.

—   30 Août.   Bataille de Jägersdorf, par le maréchal Apraxin.

1757. 10 Sept. Convention de Closterséven, par le maréchal de Richelieu.

— 5 Nov. Bataille de Rosbach, par le roi de Prusse.

— 22 Nov. Bataille de Breslau, par le prince Charles de Lorraine.

— 5 Déc. Bataille de Lissa, par le roi de Prusse.

1758. 23 Juin. Bataille de Creveit, par le prince Ferdinand.

— 23 Juillet. Combat de Sondershausen, par le duc de Broglie.

— 27 Juillet. Prise de Louisbourg et du Cap-Breton, par les Anglais.

— 25 Août. Bataille de Zorndorf, par le roi de Prusse.

— 10 Octob. Affaire de Lutternbourg, par le prince de Soubise.

— 14 Octob. Bataille de Hochkirchen, par le feld-maréchal Daun.

1759. 13 Avr. Bataille de Bergen, par Mr. de Broglie.

— 6 Juillet. Bataille de Züllichau, par Soltikof.

— 1 Août. Affaire de Minden, par le prince Ferdinand.

1759. 10 au 11 Août.   Bataille de Francfort ou de Kunnersdorf, par Soltikof.

—   13 Sept.   Victoire de St. Charles proche Québec, par le général Wolf.   Mort du général Wolf.

—   18 Sept.   Prise de Québec, par les Anglais.

—   29 Sept.   Bombardement du Havre-de-Grace, par les Anglais.

—   21 Nov.   Affaire de Maxen, par Daun.

1760. 23 Juin.   Affaire de Landshut, par Laudon.

—   10 Juillet.   Affaire de Corbach, par le maréchal de Broglie.

—   31 Juillet.   Prise de Cassel, par le comte de Lusace.   Défaite de Mr. de Muy à Warbourg.

—   15 Août.   Bataille de Liegnitz, par le roi de Prusse.

—   9 Octob.   Prise de Berlin, par les Russes et les Autrichiens.

—   16 Octob.   Affaire de Rhinberg ou de Clostercamp, par le marquis de Castries.

—   3 Nov.   Bataille de Torgau, par le roi de Prusse.

1761. 15 Janv.   Prise de Pondichéry, par les Anglais.

1761. 21 Mars.   Affaire d'Altzenhayn près de Grünberg, par le maréchal de Broglie.

— 28 Mars.   Négociation pour la paix entre les
cours de Versailles et de Londres.

— 15 Juillet.   Combat de Filinghausen , par le
prince Ferdinand.

— 15 Août.   *Pacte de famille* entre les différentes
branches de la maison de Bourbon.

— 21 Sept.   Rupture des négociations pour la
paix.

— 10 Octob.   Prise de Wolfenbüttel , par le
comte de Lusace.

1762. 23 Janv.   Les Anglais déclarent la guerre
aux Espagnols.

— 5 Janv.   Mort de l'impératrice Elisabeth.
Avénement de la maison de Holstein-
Gottorp au trône de Russie.

— 16 Janv.   Les Espagnols déclarent la guerre
aux Anglais.

— 5 Mai.   *Paix de Petersbourg* entre Pierre III
et le roi de Prusse.

— 22 Mai.   *Paix de Hambourg* entre la Suede
et le roi de Prusse.

— 23 Mai.   Déclaration de guerre du Portugal
contre l'Espagne.

1762. 24 Juin.   Affaire de Grebenstein ou de Wilhelmsthal, par le prince Ferdinand.

—   16 Août.   Combat de Reichenbach, par le
duc de Bevern contre Lascy.

—   30 Août.   Bataille de Johannesberg près de
Friedberg, par les maréchaux d'Es-
trées et de Soubise.

—   24 Sept.   Les négociations pour la paix renouvellées entre la France et l'Angleterre.

—   29 Octob.   Bataille de Freyberg, par le prince
Henri de Prusse, contre l'armée de
l'Empire.

—   3 Nov.   *Préliminaires de paix*, signés à
Fontainebleau, entre la France et
l'Angleterre.

—   —   Congrès de Berlin, pour les affaires
de Holstein.

1763. 10 Févr.   *Paix de Paris* entre la France, l'Es-
pagne, l'Angleterre et le Portugal.
Cession du Canada par la France.
Cession de la Floride par l'Espagne.

—   15 Févr.   *Paix de Hubertsbourg en Saxe* entre
l'impératrice-reine, le roi de Prusse
et l'électeur de Saxe.

—   10 Juin.   *Traité de Paris* entre la France,
l'Espagne et le roi de Sardaigne,
touchant le Plaisantin.

1765. 22 Mars.   Acte du timbre, pour la taxation des colonies anglaises.

1766. 18 Mars.   Révocation de l'acte du timbre. Acte déclaratoire.

1767. 22 Avril.   *Traité provisionnel de Copenhague* entre l'impératrice de Russie et le roi de Danemarc. L'impératrice, au nom de son fils, renonce à la portion ducale du Slesvic, et consent à l'échange de sa portion du Holstein contre les comtés d'Oldenbourg et de Delmenhorst.

1768. 24 Févr.   *Traité de Varsovie* entre la Russie et la Pologne, sur l'affaire des Dissidens et la constitution de la république.

— Octobre.   Les Turcs déclarent la guerre à la Russie.

1769. 22 et 29 Août. 6 Sept.   Défaites des Turcs près de Choczim, par le prince Alexandre de Gallitzin. Conquête de Choczim et de la Moldavie par les Russes.

1770. 1 Févr.   Ministere du lord North. Révocation de tous les actes relatifs aux colonies, à l'exception de celui du thé.

— 5 Juillet.   Combat naval et défaite des Turcs dans le canal de Scio.

1770. 7 Juillet. Destruction de la flotte turque dans le port de Tschesme, par le comte Orlow.

— 17 Juill. et 1 Août. Victoires du comte Roumanzow sur les Turcs, dans la Moldavie.

— 26 Sept. Prise de Bender, par le comte de Panin.

1771. 25 Juin. Prise des lignes de Pérékop; conquête de la Crimée, par le prince Dolgorouky.

— — Les Russes rentrent dans Azoff.

1772. 17 Févr. Convention secrete entre l'impératrice de Russie et le roi de Prusse sur le partage de la Pologne.

— 30 Mai. Suspension d'armes entre les Russes et les Turcs.

— 5 Août. *Traité de Pétersbourg*, entre l'Autriche, la Russie et la Prusse, sur le démembrement de la Pologne.

— 21 Août. Nouvelle forme de gouvernement en Suede. Extension du pouvoir royal.

— Août et Oct. Congrès de Foksany et de Boccarest.

— 18 Sept. Déclarations des cours de Vienne, de St. Pétersbourg et de Berlin sur le démembrement de la Pologne.

1773. Mars.   Rupture des conférences de Boccarest.

—   1 Juin.   *Traité définitif de Czarskoe-Sélo* entre le grand-duc de Russie et le roi de Danemarc, confirmatif de celui de 1767.

—   13 Juillet.   Le grand-duc transfère les comtés d'Oldenbourg et de Delmenhorst sur la branche cadette de sa maison.

—   18 Sept.   *Traité de Varsovie*, relatif au démembrement de la Pologne, entre le roi et la république de Pologne, et les trois cours copartageantes.

—   21 Déc.   Le thé de la compagnie anglaise jetté à la mer par le peuple de Boston.

1774. Mars.   Interdiction du port de Boston. Troupes envoyées en Amérique.

—   —   Le grand-visir bloqué par le comte de Roumanzow près de Szumla.

—   —   Le général Kamenskoi détruit un grand convoi Turc, qui menait des vivres et munitions à l'armée.

—   21 Juillet.   *Paix de Koutschouc-Kaynardgi* entre les Russes et les Turcs. Les Tatares de la Crimée et du Cuban déclarés indépendans. Entiere liberté de commerce et de navigation accordée à la Russie. Azoff, Yénikalé, Kertsch,

Kinburn avec la langue de terre entre le Dnéper et le Bug , cédés à la Russie.

1774. 5 Déc.   Ouverture du congrès des colonies américaines à Philadelphie.

— 29 Déc.   Érection du duché d'Oldenbourg.

1775. 19 Avril.   Combat de Lexington. Premieres hostilités entre les Anglais et les Américains.

— 17 Juillet.   Affaire de Bunkers'hill , par le général Putnam.

1776. 17 Mars.   Les Anglais abandonnent Boston. Envoi de troupes étrangeres en Amérique.

— 4 Juillet.   Déclaration d'indépendance par le congrès.

— 27 Août.   Défaite du général Putnam à Bedford , par Howe.

— 4 Octob.   Acte de confédération et d'union perpétuelle entre onze colonies.

— 28 Octob.   Défaite de Washington dans les plaines blanches.

— 25 Déc.   Surprise des Hessois à Trenton, par le général Lée.

1777. 6 Janv.   Surprise de Princetown , par Washington.

1777.

1777. 28 Mai. Alliance de cinquante ans entre les Suisses et la France, conclue à Soleure.

— 11 Sept. Bataille de Brandywine-Creek, par Howe.

— 26 Sept. Prise de Philadelphie, par les Anglais.

— 4 Octob. Action de Germantown.

— 16 Octob. Capitulation de Saratoga du général Bourgoyne.

— 30 Déc. Mort de *Maximilien-Joseph*, électeur de Baviere, dernier de sa branche.

1778. 3 Janv. Convention entre l'électeur palatin et l'empereur, conjointement avec l'impératrice-reine, sur la succession de la Baviere.

— 6 Févr. *Traité d'alliance et de commerce* entre la France et les treize États-unis de l'Amérique septentrionale.

— 13 Mars. Notification de l'alliance avec les Américains, faite à la cour de Londres. Guerre entre la France et l'Angleterre.

— 15 Juin. Les Anglais évacuent Philadelphie.

— 3 Juillet. Rupture des négociations entre le roi de Prusse et la cour de Vienne, sur la succession de Baviere.

1778. 5 Juillet. Le roi de Prusse entre dans la Boheme.

— 9 Juillet. Nouvel acte de confédération, signé à Philadelphie entre les treize colonies américaines.

— 27 Juillet. Combat naval d'Ouessant.

— 13 Août. Conférences de Braunau.

— 19 Déc. L'impératrice de Russie prend la qualité de médiatrice armée. Un corps de 30,000 Russes se porte sur les frontieres de la Pologne autrichienne.

1779. 18 Janv. Affaire de Habelschwerdt dans le comté de Glatz.

— 14 Mars. Ouverture du congrès de Teschen.

— 21 Mars. Convention explicative deConstantinople entre les Russes et les Turcs.

— 13 Mai. *Paix de Teschen* entre l'impératrice-reine, le roi de Prusse et l'électeur de Saxe. Cession de la partie de la Baviere entre la Salza, l'Inn et le Danube, à la maison d'Autriche.

— 16 Juin. 13 Juill. Déclaration de guerre entre l'Espagne et l'Angleterre.

1780. 16 Janv. Destruction de la flotte de Langara, par l'amiral Rodney. Ravitaillement de Gibraltar.

1780. Mars.   Déclaration de l'impératrice de Russie, relative à la neutralité armée.

—   17 Avr. 15 et 19 Mai.   Combats entre le comte de Guichen et l'amiral Rodney auprès de la Martinique.

—   9 Juill. et 1 Août.   *Conventions pour la neutralité armée* entre l'impératrice de Russie et les rois de Danemarc et de Suede.

—   16 Août.   Défaite du général Gates, par le lord Cornwallis, auprès de Cambden.

—   20 Déc.   L'Angleterre déclare la guerre à la Hollande.

—   24 Déc.   Accession des états-généraux à la neutralité armée.

1781.   3 Févr.   Prise de St. Eustache, par l'amiral Rodney.

—   15 Mars.   Défaite du général Gréen à Guilford, par le lord Cornwallis.

—   16 Avril.   Combat naval de San-Jago entre Suffren et Johnstone.

—   29 Avril.   Combat naval de la Martinique entre le comte de Grasse et l'amiral Hood.

—   8 Mai.   Accession du roi de Prusse à la neutralité armée.

1781. Mai.　　Conquête de la Floride, par les Espagnols.

— 5 Août.　Combat naval de Doggersbank entre Zoutmann et Parker.

— 9 Octob.　Accession de l'empereur à la neutralité armée.

— 18 Octob.　Capitulation de Yorck - Town du lord Cornwallis.

— 25 Nov.　Le marquis de Bouillé reprend St. Eustache, par un coup de main.

1782. 5 Févr.　Réduction de l'île de Minorque, par les Espagnols et leurs alliés, les Français.

— 17 Févr.　Combat naval aux Indes entre le bailli de Suffren et l'amiral Hughes.

— 20 Mars.　Le lord North donne sa démission. Changement du ministere en Angleterre.

— 12 Avril.　Combat naval entre le comte de Grasse et l'amiral Rodney, livré entre la Dominique et les Saintes. L'amiral Français emmené prisonnier à Londres.

— 12 Avr. et 6 Juill.　Combats dans la mer des Indes entre le bailli de Suffren et l'amiral Hughes,

1782. commencement d'Août. Arrivée de Mr. Fitz-
herbert à Paris, pour traiter de la
paix.

— 15 Août. Tranchées ouvertes devant Gibraltar.

— 3 Sept. Combat naval aux Indes entre le
bailli de Suffren et l'amiral Hughes.

— 13 Sept. Destruction des batteries flottantes.

— 24 Sept. Résolution de la cour de Londres,
pour déclarer l'indépendance de
l'Amérique.

— Octob. Ouverture des conférences pour la
paix à Paris.

— 11 Octob. Ravitaillement de Gibraltar, par
l'amiral Howe.

— 30 Nov. *Préliminaires de la paix*, signés à
Paris, entre les commissaires britanniques et américains.

1783. 20 Janv. *Préliminaires de la paix* entre la
France, l'Espagne et l'Angleterre,
signés à Paris.

— — Abdication du kan de la Crimée.
La Crimée passe sous la domination
de la Russie.

— 2 Juin. Combat naval aux Indes entre le
bailli de Suffren et l'amiral Hughes.

1783.   2 Sept.   *Préliminaires de la paix* entre l'Angleterre et la Hollande , signés à Paris.

—   3 Sept.   *Traité de paix définitif* entre la France , l'Espagne et l'Angleterre, signé à Versailles. La pêche en Amérique définie.   La riviere de Sénégal en Afrique cédée à la France. Pondichéry reçoit un arrondissement. Le port de Dunkerque rendu libre. .L'île de Minorque et la Floride cédées à l'Espagne.

—   3 Sept.   *Traité de paix définitif* entre l'Angleterre et les États unis de l'Amérique, signé à Paris.   Les États-unis reconnus pour états libres et indépendans. Leurs limites réglées.

1784.   8 Janv.   Convention entre la Russie et la Porte, confirmative de la cession de la Crimée, faite à la Russie par le kan des Tatares.

—   20 Mai.   *Traité de paix définitif* entre l'Angleterre et la Hollande, signé à Paris.   Cession de Négapatnam en faveur de l'Angleterre.   Les sujets britanniques auront la navigation libre dans les parages des Hollandais aux Indes.

1784. 1 Juillet. Convention provisoire, signée à Versailles, entre la France et la Suede. La France obtient le droit d'entrepôt à Gothenbourg, et céde à la Suede l'île de St. Barthelémy aux Indes occidentales.

1785. 23 Juillet. *Traité de la confédération germanique*, signé à Berlin, entre les trois électeurs de Saxe, de Brandebourg et de Brunswic-Lunebourg, contre le projet d'échange de la Baviere.

— 8 Nov. *Traité de paix de Fontainebleau* entre l'empereur et les Provinces-unies.

1786. 17 Août. Mort de *Frédéric le grand*, roi de Prusse.

TABLE DES MATIERES

DU

SECOND VOLUME.

ABRÉGÉ DE L'HISTOIRE DES TRAITÉS DE PAIX ENTRE LES PUISSANCES DU MIDI, SECONDE PARTIE. Depuis la triple-alliance en 1717 jusqu'à la paix de Fontainebleau en 1785.

VII. HISTOIRE DES TRAITÉS DE PAIX DE PARIS ET DE HUBERTSBOURG en 1763.

ERRATA

DU SECOND VOLUME.

Page 8, lin. 20. Philippe II *lisez* Philippe V.
— 23, — 13. 1728 *l.* 1726.
— 36, — 23. Microdt *l.* Nierodt.
— 54, — 12. d'Echärdingen *l.* de Schärdingen.
— 81, — ult. échangée *l.* changée.
— 83, — 13. indecises *l.* indecis.
— 88, — 4. d'Owego *l.* d'Oswego.
— 91, — 6. Rhin *l.* Mein.
— 94, — 5 et 6. par le de Prusse qui y roi fit
                    l. par le roi de Prusse qui y fit.
— 200, — 18. restitutions *l.* restitution.
— 203, — 21. fusées *l.* fusils.
— 210, — 26. exécutions *l.* exactions.
— 231, — 8. *l.* 1586. Commencement des
                    troubles des Pays - Bas.
— 234, — 5. 1616 *l.* 1613.
— — — 7. *l.* 1616. Préliminaires de paix etc.
— 235, — ult. et le *l.* et les.
— 260, — penult. Kalitsch *l.* Kalisch.
— 276, — 4. Helsingfort *l.* Helsingfors.
— 280, — 9. d Lowositz *l.* de Lowositz.

SUPPLÉMENT D'ERRATA

DU PREMIER VOLUME.

Page 110, lin. 1. à Munster *lisez:* à Munster
    et à Osnabruck.